THE PIE ROOM

THE PIE ROOM

First published in Great Britain 2020

This translation of THE PIE ROOM is published in Japan in 2022
by Graphic-sha Publishing Co., Ltd.
1-14-17 Kudankita, Chiyodaku, Tokyo 102-0073, Japan
by arrangement with Bloomsbury Publishing Pk.
through Tuttle-Mori Agency, Inc.

ISBN 978-4-7661-3617-3 C2077
Printed in China

THE PIE ROOM

‖絶品パイ料理‖

“パイの帝王”が贈る**80**のレシピ

カラム・フランクリン 著　　エリオットゆかり 監修

g

最愛の妻シェナリと家族に捧げる。

父もきっと、この本を気に入ってくれただろう。

本書のレシピについて

◈大さじ1＝15㎖、小さじ1＝5㎖。そのほか度量衡については早見表（p.281）をご参照ください。

◈卵はM（中）サイズを使用。

◈ブイヨン（市販品）はパッケージの使い方をよく読んでお使いください。

◈オーブンは、お使いのメーカーや機種によって、温度や予熱時間、焼き時間に差が出るため、適宜調整してください。
また、サイズによって、本書で使用している天板やパイ生地が入らない場合も、適宜調整してください。

◈本書で使用している型と同じサイズのものがお手元になかったり、入手できない場合は、近いサイズの型をお使いください。
その場合、生地やフィリングがあまるなど誤差が生じることがあります。フィリングがあまったり、多いと感じた際には、
小さなパイを作ったり、好みの形と大きさに成形して焼いたり、別途活用していただくことをおすすめします。

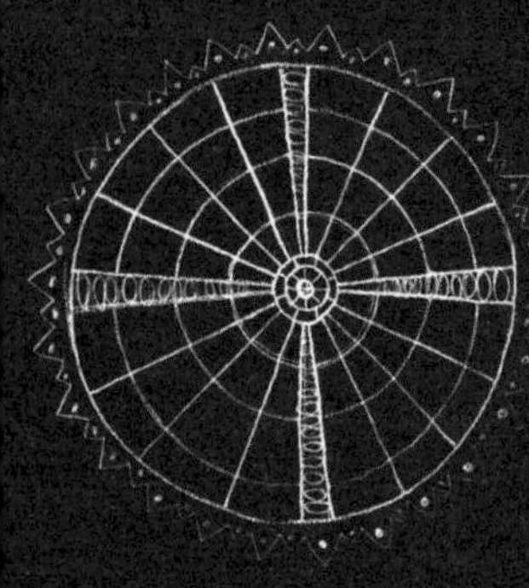

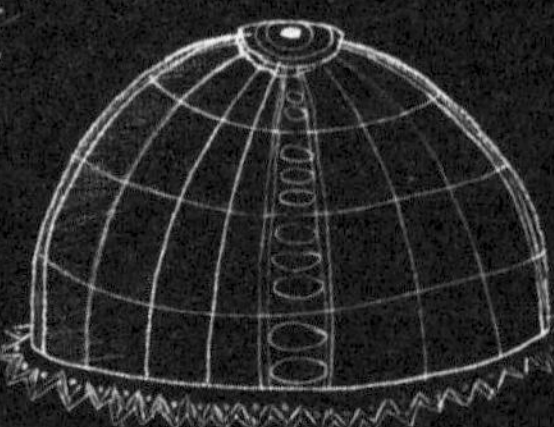

WHITELEY'S ART DECO
ROOF SKETCHES
2018

PIE DETAIL
JULY 2017

BEET
WELLINGTON
2019

design for
coronation chicken
pie 15.07.18

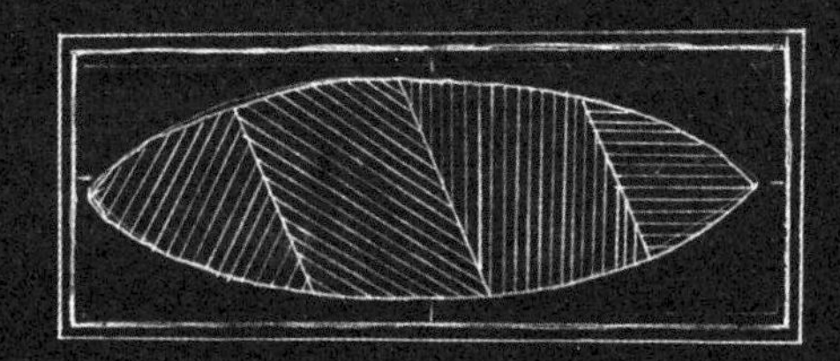

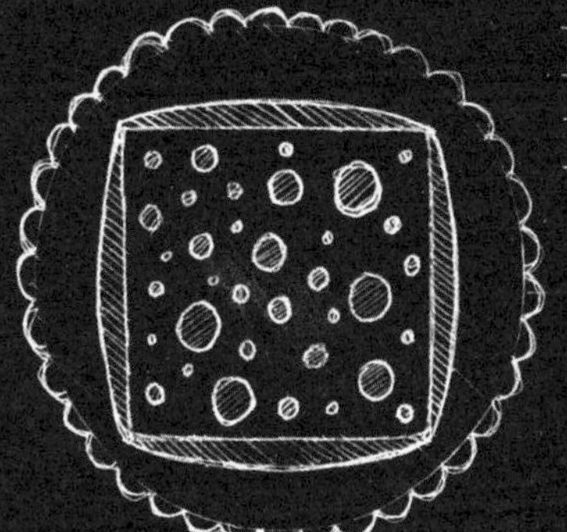

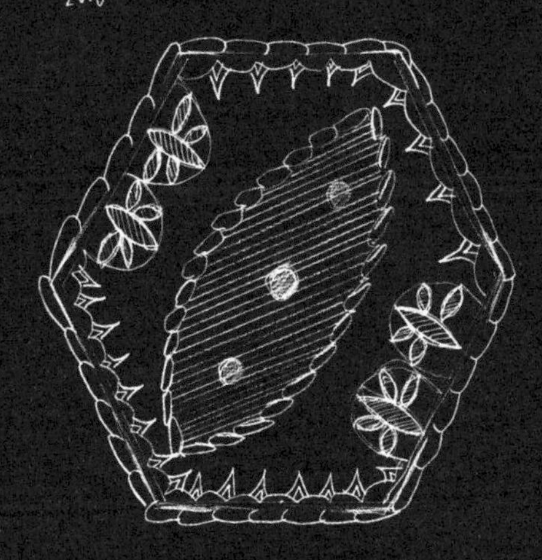

INTRODUCTION

はじめに

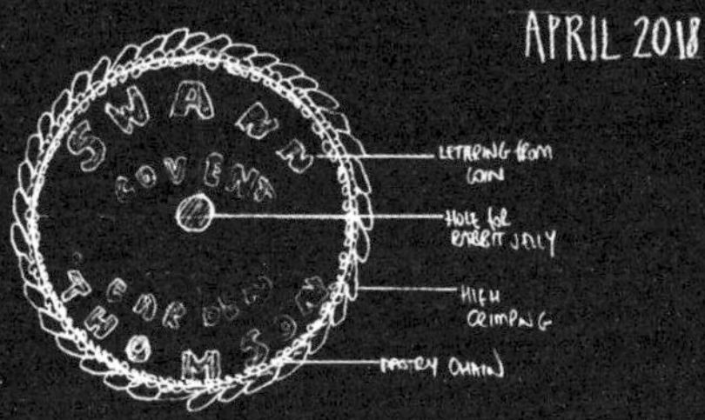

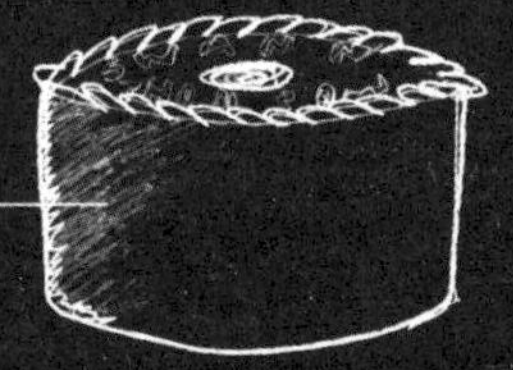

INTRODUCTION
はじめに

ここは、ロンドン屈指のエドワード朝バロック建築のホテル「ローズウッド・ロンドン(Rosewood London)」。夜の闇に包まれたハイ・ホルボーン通りに、あかがね色の光がこぼれている。その光は、ホテルをマトルーシュカ人形に例えるならば、一番小さな人形のような存在のヴィクトリアン調の一角「ザ・パイ・ルーム(The Pie Room)」から、メインレストランの「ホルボーン・ダイニング・ルーム(Holborn Dining Room)」へと落ちていく。

大理石の作業台が鎮座し、真鍮(しんちゅう)や銅の型が彩るザ・パイ・ルームのオープンキッチンでは、ジャズやソウルミュージックが優しく流れる中、料理人たちが1日に何百個ものセイボリー・パイ(食事系のパイ)を手作りしている。ディテールにまでこだわったアート性の高いこの空間は、その中で行われている作業に似つかわしい。600年前から続くイギリスの食文化の伝統を称え、この国で最も素晴らしいパイを作ろうとしている場所なのだ。

ザ・パイ・ルーム誕生のいきさつを語るには、時代を少し遡る必要があるだろう。実家がパン屋だった私は、大きな小麦粉の袋に腰掛けては、ヨーロッパで最も優れたパン職人の両親が働く姿を見て育った。2歳の頃からメモを取り、熟練の技を研究し、生地の作り方を学び……と、言いたいところだが、そのどれもが真実ではない。現実には、私はロンドンのサウス・イーストに生まれ、パン職人ではないが素晴らしい両親のもとで、2人の兄弟と共に育った。子供の頃の私の食体験は、80年代や90年代の多くのイギリスの子供たちと同じようなものだった。ハーブ摘みに夢中になっていたわけではなく、チキンナゲットをつまんでいた。しかし、学校を卒業してもまだ自分が何をしたいのかわからず、地元のレストランで皿洗いの仕事をしていたところ、すぐに将来の居場所が厨房だということに気づいた。デスクワークにはあまり向かない落ち着きのなさを、生かせる環境だと思ったのだ。

THE PIE
ROOM

私は、主にモダンヨーロピアンスタイルの料理を提供する、ファインダイニングを中心とした店を渡り歩き、正しい調理法と料理人としての矜持を学んだ。確かに、色とりどりのピュレを皿に点々と散らしたり、時にはド派手なデコレーションも手掛けたが、基本は昔ながらの古典料理、つまり煮込み料理やコンフィ、パイ料理、ブイヨン、ソースだった。今でもそうした技術は日々使っているが、年齢を重ねるにつれ、よりシンプルな料理のスタイルを好むようになった。また、イギリスならではの食材が改良され、普及するにつれ、使ってみたいと思うようになり、イギリス料理のルーツや歴史を受け入れるようになった。お客様のために長らく料理を作ってきたあとで、みずからの食文化を受け入れるのは解放感があるし、その評価を高めることに少しでも貢献できると思うとワクワクする。ホルボーン・ダイニング・ルームがオープンした時、まさに夢を実現するチャンスだと思った。

最高級のイギリス産食材を、エレガントな環境でシンプルに調理し、それに見あったサービスを提供する。この理念を旗印に、2014年、ホルボーン・ダイニング・ルームはオープンした。店内に180席、屋外に50席を備え、早朝から終日営業し、バーには豊富な種類のジンを取り揃えるなど、注目に値するレストランだった。建物は1912年創建で、地下に広大な備品倉庫がある。私は倉庫を物色していた時に、たまたまブリキ製のアンティーク器具を見つけた。何のためのものなのか、いつの時代のものなのか、最初は見当もつかなかった。それが、複雑なパイの焼き型で、モチーフと留め具が連動していることがわかると、興味をそそられた。メインレストランの厨房に持っていき、シェフたちに使ったことがあるかと尋ね、すぐに自分たちの知識不足に気がついた。

参考になるものがほとんどない中、私たちはこの型を使って順序立てて練習し、うまくいった手順や調理時間、温度をメモし、ようやくメニューにのせるのに十分な水準のパイができた。

最初のパイは、失われた技術への憧れと、置き去りにされた手仕事とテクニックの復活に向けた、最初の1歩だった。申し分のない結果を得るには、技術と訓練が必要なため、料理が小さなプロジェクトのように感じられることもあった。

ホルボーン・ダイニング・ルームでは、ビーフ・ウェリントン（p.198）など食事系のパイ料理をメニューに加えるようになり、お客様から常に好評を得て、需要は高まる一方だった。私は、イギリスの伝統的なパイやオリジナルのパイをメニューにのせたかったし、お客様もそれを望んでいた。しかし、いざ実現し、私が求める水準を維持するには、専用のスペースを設ける必要があり、ザ・パイ・ルームの種が蒔かれた。

PIE TRIMMER & SEALER

BACK WALL

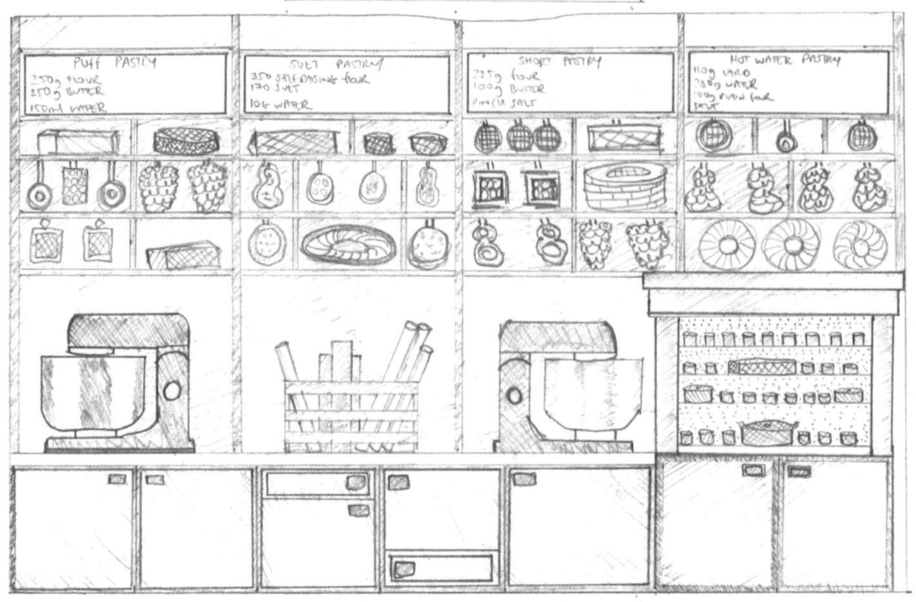

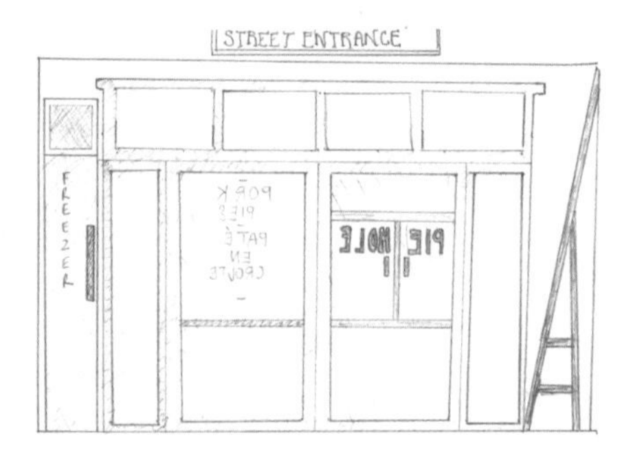

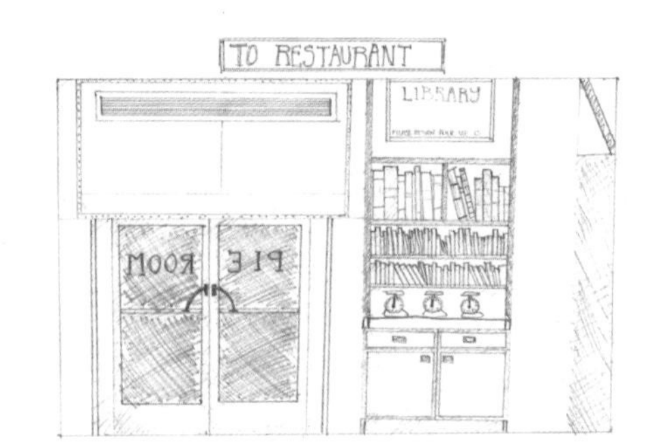

TUNNEL WALL

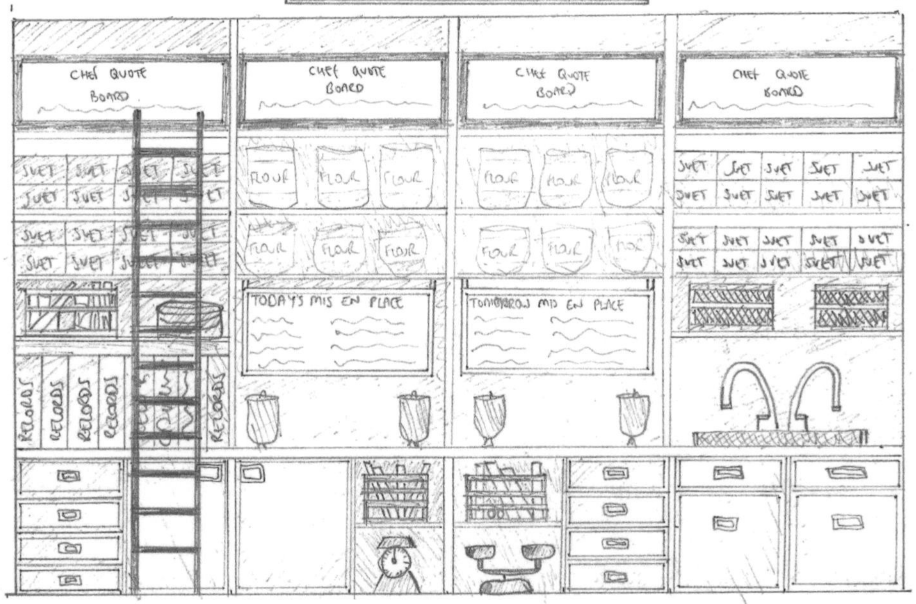

私はザ・パイ・ルームを、レストランの厨房で行われている、エレガントで繊細なパイ作りの現場をのぞく窓にしたかった。メインレストランの脇にあるので、通り沿いのガラス張りの側面にハッチを設け、そちらのレストランが満席のランチタイムには、素朴な田舎風のパイをお客様に手渡せるようにした。ザ・パイ・ルームはレストランの変革を促すきっかけとなり、併設の「ザ・ジン・バー（The Gin Bar）」と共に、ロンドンの伝統を揺るぎないものにし、ホルボーン・ダイニング・ルームに存在感を与えた。

ザ・パイ・ルームは、私が手描きでデザインしたため、完成までに1年かかった。私には明確な構成イメージがあったが、少々厄介なものであり、おまけに細部にまで妥協しなかったからだ。しかし、待った甲斐はあった。改築に関わったすべての人に感謝している（そして、申し訳なく思う！）。私と同じように、みんなが誇りを持って、この「パイ部屋」を見てくれるよう願うばかりだ。

私は子どもの頃から少し変わっていた。しつこくいたずら描きをし、たいていの場合、『未知との遭遇』の主人公ロイのように、何度も同じパターンを描いた。つまり、私にとってデザインは大きな意味があり、私は常にクリエーションの機会を大切にしてきた。ザ・パイ・ルームは、イギリスの食の歴史の片隅に、私とスタッフが居場所を見つけるチャンスを与えてくれた。

ザ・パイ・ルームのパイのレパートリーは、シンプルなものから豪華なものまで幅広く、それがこの本の誕生のきっかけとなっている。専門の道具を持つプロの料理人だけでなく、誰でも家庭で再現できるレシピを紹介したいと思った。イギリスの食事系のパイ料理を、より多くの人に知ってもらいたかったのだ。本書で紹介しているレシピは、「シカ＆骨髄のスエット・パイ」（p.172）のような夕食向きの一品から、「コロネーションチキンパイ」（p.206）のような大掛かりでハレの日にぴったりな大作まで様々だ。パイを美しく仕上げるのに必要な技術やスキル、家庭でパイ作りをするための道具についても紹介しているので、じっくりと目を通してほしい。

この本を読めば、パイ料理につきものの不安が和らぎ、理にかなった手順で作業できるはず。自信もつくことだろう。それではザ・パイ・ルームのノウハウすべてをお届けしよう。

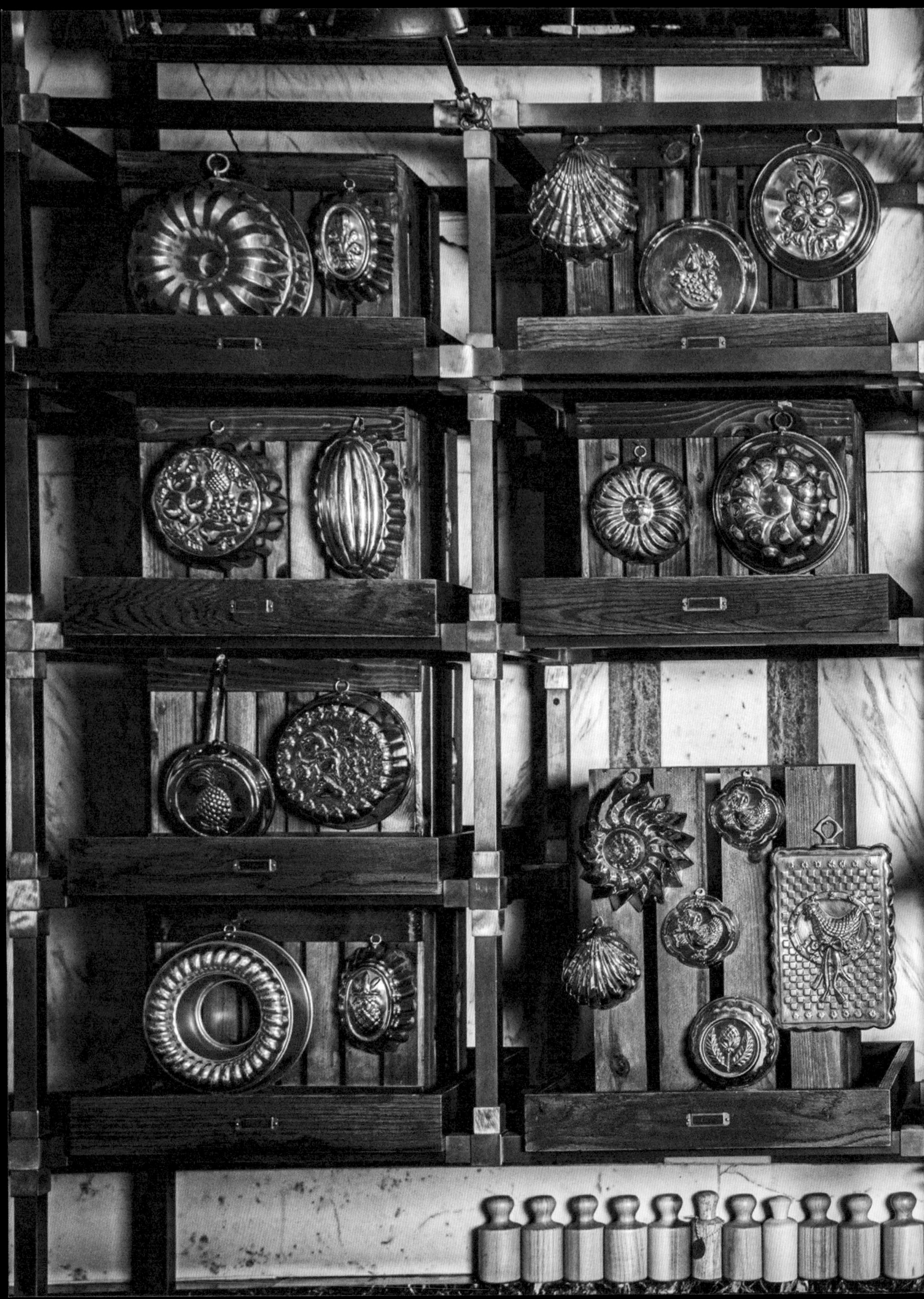

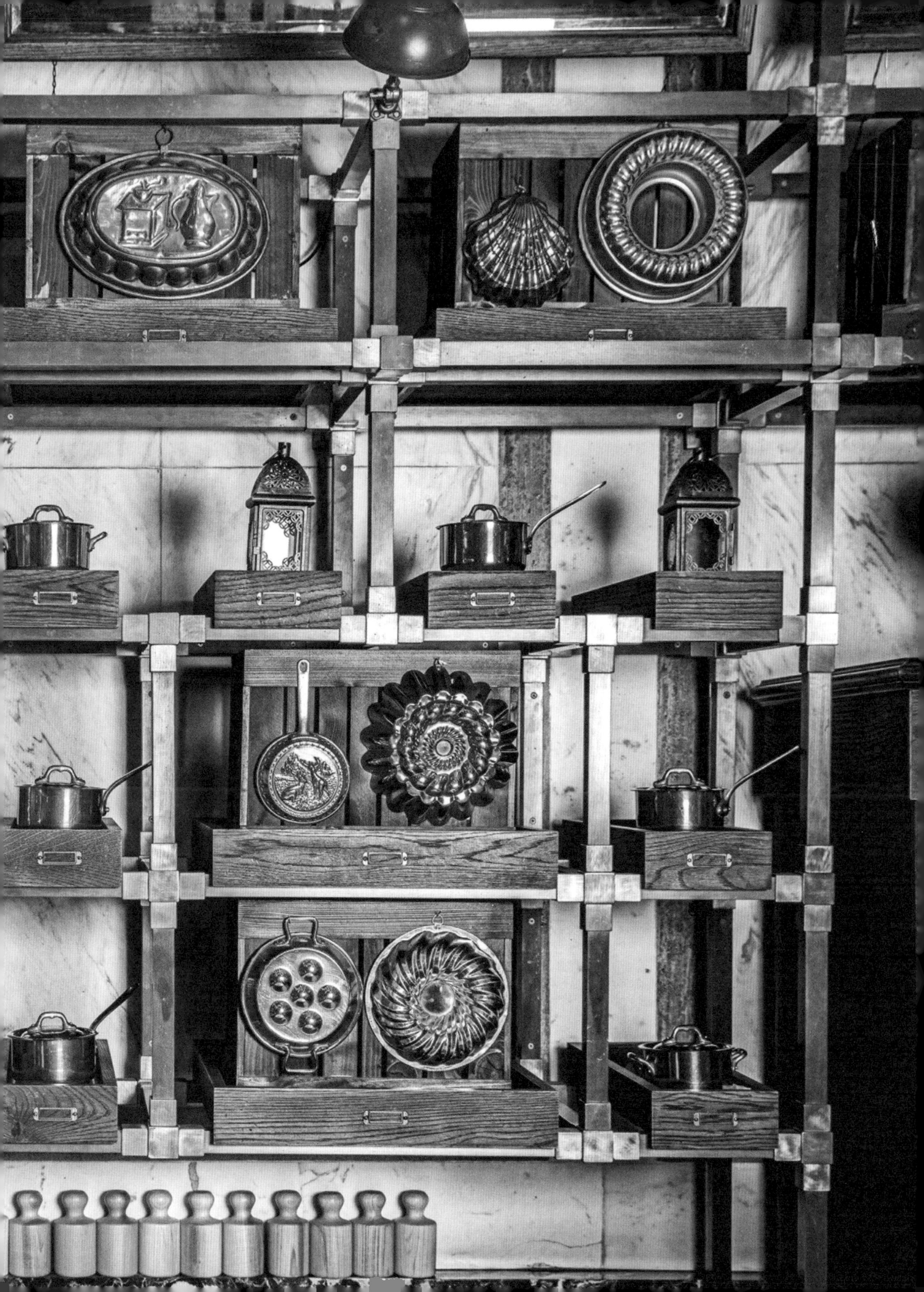

TOOLS & TECHNIQUES

基本の道具＆パイ作りのテクニック

EXOPAT

MATFER

EGG WASHING
溶き卵

私が本格的にパイに取り組みはじめた頃は、パイやタルトを焼く際に、生地に何層にも溶き卵を塗ることで、最高の仕上がりが実現できると信じていた。しかし長年の経験から、自分だけでなくスタッフたちの時間もむだにしていたことに気づいた。生地に溶き卵を塗るのは、主に最大2回。15回塗るのと同じ効果がある。

私は、「卵黄1個分」に「水小さじ1」を加えて溶いたものを使うが、卵黄と白身は完全に分離した状態であることが重要だ。そうしないと、焼き上がりに筋が入ってしまう。卵黄は目の細かいザルなどで濾し、卵黄についているカラザ（白いひも状の部分）は取り除いている。

パイ生地に溶き卵を塗るのは、基本的には家の壁を塗るようなものだ。最初に薄く均一に塗り、乾燥したら2回目を塗って仕上げる。1回目を塗りおわったら、2回目を塗る前に、パイ生地を冷蔵庫に20分ほど入れる。お茶でも飲みながら新聞を読んでいれば、すぐに20分経つだろう。
2回目も薄く均一に塗るよう心がける。厚く塗りすぎると、生地の表面がオムレツ状になり、時間が経つとやわらかくなってしまうのでよくない。特に、冷たいまま食すコールドパイには不向きだ。

50

ROLLING PASTRY
生地をのばす

生地をのばす際には、いくつか簡単な原則がある。まず、生地はよく冷えた状態であること（とはいえ、かたすぎないように注意）。冷えた状態だと生地が扱いやすく、また、のばしている最中に油分が分離したり、こね台に生地が貼りつくのを防ぐことができる。気温が高い日には、こね台や厚手のまな板を冷蔵庫や冷凍庫に入れてよく冷やしておくと、生地をのばす間、冷えた状態に保つことができる。特に、パイのデコレーション用の小さな生地をのばしたり、繊細な形状のモチーフを切り出したりする時に役立つ。

こね台に打ち粉をふる時には、生地に使っている粉を選び、均一にふる。生地が適切な温度であれば、打ち粉はそれほど必要ではない。打ち粉が多いほど、生地の小麦粉と油脂分の比率が変わってしまい、焼き上がりがもろくなってしまう。均一に打ち粉をふるには、こね台の高い位置から打ち粉をふるとよい。また、手首にスナップをきかせて粉をふったり、パチンと叩いたりして、小麦粉を水平方向に雲のように放出してみてほしい。テレビの料理番組に出てくるシェフのような気分になるはずだ。

生地をのばす時は、必ず手前の端からはじめ、向こう側にのみ向けてめん棒を転がす。生地をのばす度に、生地を90°回転させる（時計まわりに回転させたら、以後も同様に回転させる）。めん棒で生地を下に押すのではなく、前方に向かって転がすようにする。下に向かって力を入れると形がゆがみ、思い通りにいかない。また、必要な形と大きさになるまでは、めん棒を生地の端まで転がしてはいけない。
作業がしやすいようなら、中央から上下（手前と向こう側）に少しずつのばしてもよい。

LINING PIE MOULDS

生地を敷き込む

型に生地を敷き込む時のポイントは温度。生地の温度が上がり、やわらかくなってしまうと、扱いにくくなる。また、のびすぎるため破れやすい。このような状態になると、敷き込んだ生地に弱い部分ができ、焼いた時に割れたり開いたりすることがある。よって、生地は必ず事前に冷やしておくこと。また、生地が冷えているうちにすべての作業をおえたい。手の温度や気温が高い場合は、ラテックス製の手袋を着用するとよいだろう。手から生地に熱が伝わったり、生地をのばす時に生地が手に付着するのを防げる。

‖ ケーキ型の場合 ‖

材料

直径24㎝底取れ式ケーキ型(または同サイズのパイ型)* 1台分

生地 … 700g
打ち粉、バター(室温に戻してやわらかくしたもの、型に塗る分)
… 各適量

*ご使用の型によっては生地があまるなど誤差が生じることがあります。

手順

1. 生地をのばす

1 軽く打ち粉をしたこね台の上で、生地を冷蔵庫に入る最大の天板のサイズにのばす。

2 クッキングシートを敷いた天板にのせ、冷蔵庫で30分冷やして休ませる。
※十分なスペースがあれば、冷凍庫で15分休ませてもOK。各レシピでも1～2の作業を事前に行うとよい。

3 生地を冷蔵庫(または冷凍庫)から取り出してこね台にのせ、5㎜の厚さにのばし、さらに50×80㎝の長方形に切る。
※冷凍および冷蔵保存可能なので、ひとまとめにしておくと、他のパイや飾りを作る時などに再利用できる。ただし、1度冷凍保存したものは不可。

2. 生地を型にあわせて切る

1 土台の生地(下生地)を切り出す。

ⓐ 生地の半分の中央に型本体をのせ、型に沿ってナイフの先で1周ぐるりと軽く目印を入れる。

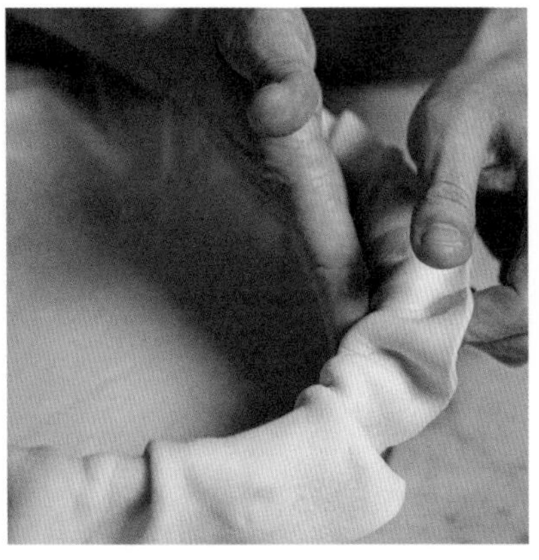

ⓑ 生地を「型の直径＋型の高さ＋型からはみ出すのりしろ2.5㎝」の円形に切る（p.26左下）：型を横に倒して少しずつ転がしながら、まずは型の縁に沿ってナイフで印をつける。さらに縁の印からのりしろを2.5㎝余分に取って印をつけ、生地を切る。のりしろ部分は、あとで蓋用の生地と貼りあわせ、縁飾りを施す（p.32）。

2 蓋用の生地を切り出す。

ⓐ 残りの生地の上に型の底板を置き、のりしろを2.5㎝取ってナイフで円形に切る（p.26下中央）。

ⓑ クッキングシートを敷いた天板にのせ、使うまで冷蔵庫で冷やして休ませる。あまった生地はデコレーション用に使いやすい大きさに切り分け、生地本体と同じ天板にのせて冷蔵庫で冷やしておく。

3. 生地を型に敷き込む

1 型の底面から側面、縁まわりまで、バターを薄く塗る。
※型に塗る油脂は、断然油よりもバターがおすすめ。生地に香ばしい焼き色がつき、風味も増す。

2 土台の生地の余分な粉を払い、半分にたたみ、さらに半分にたたんで四つ折りにする（p.26右下）。

3 四つ折りにした生地の角が型の中心にくるように型に入れ（左上）、生地を広げる。

4 生地を型の底面に押しつけて密着させていく。
※生地を引っ張らないように、また型と生地の間に空気が入らないように注意し、凸凹になってしまった場合は、生地をならして空気を押し出す。

5 生地を側面に軽く押しつける。型の縁からのりしろがはみ出すようにしながら、指2～3本を押しつけて均等に押し込んでいく（上中央、右上）。
※生地にしわが寄ると、型からはずした時に広がってしまい、パイがゆがむ場合があるので注意。最初は生地をあまり強く押しつけないこと。生地がダレてやわらくなってきたり、手の温度が高い場合は、ラテックス製の手袋を着用するか、冷えた切れ端に軽く打ち粉をして敷き込んだ生地を押える。

6 型の縁からはみ出しているのりしろの幅が揃っていない場合、同じ幅に切り揃える。
※ここでは2.5㎝。のりしろはあとで蓋用の生地と貼りあわせる。

7 冷蔵庫で20分冷やしてから、フィリングを詰める。
※冷凍庫の場合は10分。

‖ パウンド型の場合 ‖

材料

長さ24×幅13×高さ7㎝
パウンド型* 1台分

生地 … 800g
打ち粉、バター（室温に戻してやわらかくしたもの、型に塗る分）
… 各適量

*お手元になかったり、入手できない場合は、入手できる近いサイズのもので代用してください。その場合、生地があまるなど誤差が生じることがあります。

手順

1. 生地をのばす

1 軽く打ち粉をしたこね台の上で、生地を冷蔵庫に入る最大の天板のサイズにのばす。

2 クッキングシートを敷いた天板にのせ、冷蔵庫で30分冷やして休ませる。
※十分なスペースがあれば、冷凍庫で15分休ませてもOK。各レシピでも1～2の作業を事前に行うとよい。

3 生地を冷蔵庫（または冷凍庫）から取り出してこね台にのせ、5㎜の厚さにのばし、さらに45×50㎝の長方形に切る。
※冷凍および冷蔵保存可能なので、ひとまとめにしておくと、他のパイや飾りを作る時などに再利用できる。ただし、1度冷凍保存したものは不可。

2. 生地を型にあわせて切る

1 蓋用の生地を切り出す。

ⓐ 生地を横長に置き、右端から18㎝幅の帯状に1本切り出す。

ⓑ 天板にのせ、冷蔵庫で使うまで冷やしておく。

2 土台の生地を切り出す。

ⓐ 残りの生地の中央に型をのせ、底面の四隅にナイフで軽く目印を入れる。

ⓑ 型を片側に倒し、型の縁から2.5㎝のところにナイフで線を引く（左下）。
※この線を引いた2.5㎝の生地は、あとで蓋用の生地と貼りつけるのりしろになる。

3 型を反対側に倒し、2と同様に生地に線を引く（下中央）。

4 型を手前と向こう側に倒し、それぞれ同様に線を引く（右下）。

5 生地が動かないよう型をのせたまま、引いた線に沿って生地を切っていく。型の上辺にあたる4辺は、底辺よりも両端が1㎝ずつ長くなるように切る。

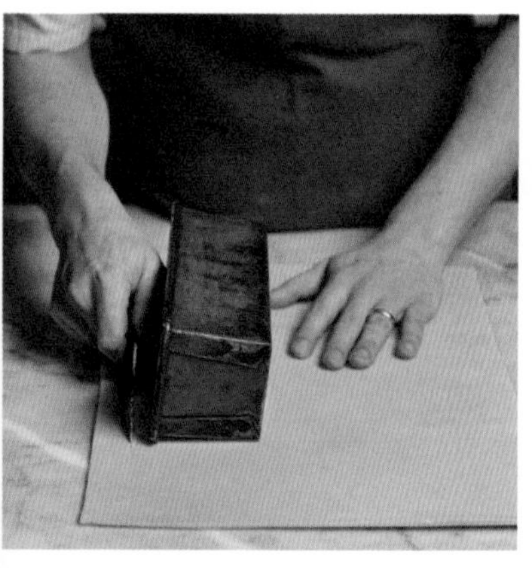

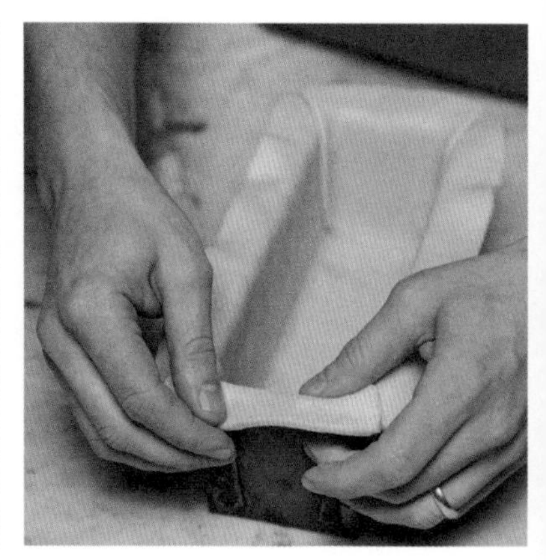

6 2で印をつけた底の4つの角と上辺の両端をそれぞれ斜めに結んで切る。
※これで生地が型を展開したような形に切れる。

7 余分な生地を取り除く（左上）。
※生地がやわらかくなって扱いにくい場合は、クッキングシートを敷いた天板にのせ、冷蔵庫で10分ほど冷やしてから型に敷き込む。切り落とした生地は、デコレーション用に小さく切り分け、同じ天板にのせて、蓋用の生地と一緒に冷やしておく。

3. 生地を型に敷き込む

1 型の底面から側面、縁まわりまで、バターを薄く塗る。
※くどいようだが、油よりもバターの方が風味が高まり、美しい焼き色がつくのでおすすめだ。

2 土台の生地の余分な粉を払い、上下を内側に折りたたみ、その上に左右の生地を重ねて折りたたむ（上中央）。

3 たたんだ状態で生地を型に入れ、折りたたんだ部分をそっと広げる。

4 生地を型の四隅に入れ込むようにして密着させていく。
※底面と生地の間に空気が入ってしまった場合は、生地をならして空気を押し出す。

5 側面の生地のつなぎ目をしっかりと押える。
※生地がダレてやわらくなってきたり、手の温度が高い場合は、ラテックス製の手袋を着用するか、切れ端に軽く打ち粉をした冷えた生地で敷き込んだ生地を押えていく。

6 側面の生地を型にぴったり押しつけながら、型の底面に向かって少し力を入れていくようにして、側面と底面の立ち上がりに角を出す（右上）。

7 型の縁からはみ出しているのりしろの幅が揃っていない場合、同じ幅に切り揃える。
※ここでは2.5㎝。のりしろはあとで蓋用の生地と貼りあわせる。

8 冷蔵庫で20分冷やしてから、フィリングを詰める。
※冷凍庫の場合は10分。

DECORATION

デコレーション

パイは中身だけではなく、外見にも工夫を凝らすことができる。フィリングを包んでしまえば、あとは真っ白なキャンバスだ。スタッフには常に、建築物や自然など、身のまわりのものからインスピレーションを得て、新しいデザインに取り組むようアドバイスしている。

‖ 縁飾り ‖

食事系のパイを美しい見栄えにする最もシンプルな方法の1つが、縁飾りを施すことだ。スタッフはみな、オリジナルのスタイルを持っていて、縁飾りを見るだけで、誰が作ったパイなのかがわかる。つまり、絵画の隅にある画家のサインのようなものだ。ここでは、最も簡単な縁飾りのテクニックを2つ紹介する。

フレーム縁飾り

「イワシとオリーブ＆オニオンのタルト ピサラディエール風」(p.91) など1枚のパイ生地に縁飾りを施す場合に、私がよく使うテクニック。生地の縁まわりに、巻きつくような波状の縁飾りをつける。

材料

生地
溶き卵
…卵黄1個分+水小さじ1

手順

1. 生地ののりしろに溶き卵を薄く刷毛で塗る

2. フレーム縁飾りを施していく（下）

1 いずれかの角の生地をやや斜めに内側に折り、左の人差し指で折り返した生地の外側を押えながら、外側の生地に右の親指をあてて内側にかぶせ、波状のひだを寄せる。
※円形の生地の場合は、どこからはじめてもOK。

2 左の人差し指を寄せたひだの反対側に移動させて押え、同様に波状のひだを寄せる。

3 1～2を1周ぐるりと繰り返す。

波型縁飾り

蓋用の生地と土台の生地を重ねて縁飾りを施す場合によく用いる。

材料

生地
溶き卵
…卵黄1個分+水小さじ1

手順

1. 生地ののりしろに溶き卵を薄く刷毛で塗る

2. 生地の中心をあわせて蓋用の生地をかぶせる

3. 生地を薄くしていく

生地の縁まわりを1周ぐるりと、上下の生地をしっかりとあわせながら薄くする。
※2枚の生地が重なる縁まわりは、厚みが他の部分の2倍になるため、薄くする必要がある。

4. のりしろを切り揃える

のりしろ以外の余分な生地を切り落とす。 ※ここではのりしろ2.5㎝。

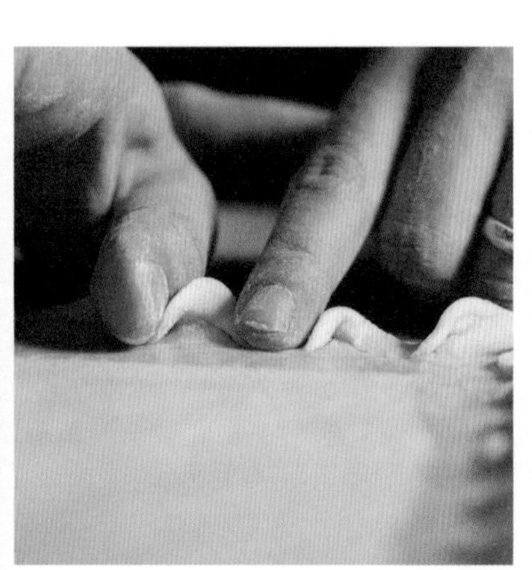

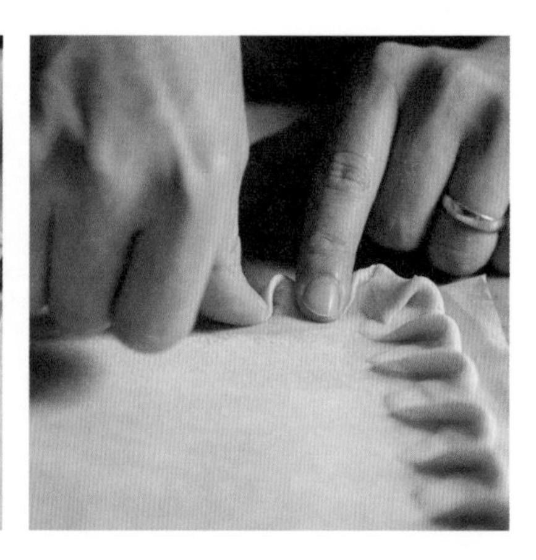

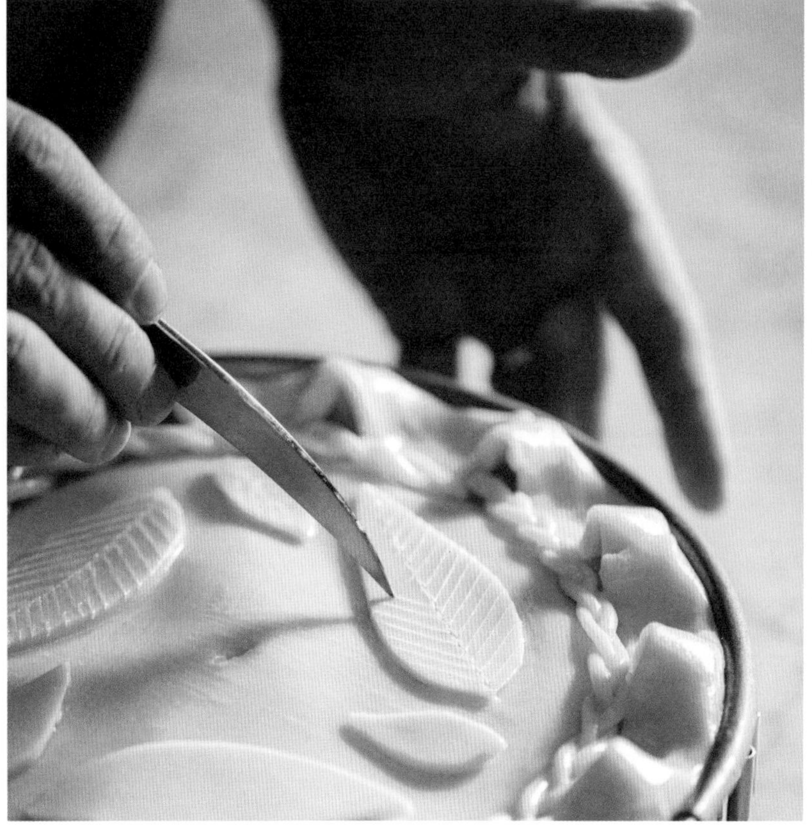

5. のりしろに溶き卵を薄く塗る

6. 波型縁飾りを施していく

1 利き手の人差し指と親指を5㎝ほど離して生地の縁に外側からあて、内側にかぶせながら2本の指の隙間を狭めて生地にひだを寄せ、蓋用の生地に押えつける（左上1段目）。

2 2.5㎝間隔で1の作業を1周ぐるりと繰り返す。

3 冷蔵庫で10分冷やし、再び溶き卵を全体に軽く塗る。

‖ 表面のデコレーション ‖

パイ本体の生地の表面に直接切り込み（筋模様）を入れる方法と、型抜きで抜いたモチーフや編み込んだ生地をパイ本体に貼りつける方法がある。

装飾模様を切り込む

この方法は、溶き卵を適切に塗るのが重要なポイント。溶き卵を塗りすぎると、仕上がりにムラが出るだけではなく、焼成後に生地がやわらかくなってしまうので注意しよう。

材料

生地
溶き卵
…卵黄1個分+水小さじ1

手順

1. 生地を準備する

1 生地の表面に溶き卵を薄く均一に塗り、溶き卵がほぼ乾いた状態になるまで、冷蔵庫で15分ほど乾かす。

2 生地に再び溶き卵を薄く塗り、再び冷蔵庫に10分入れる。
※溶き卵が完全には乾いておらず、粘り気のある状態が理想。溶き卵を乾かしすぎるとひび割れが生じ、焼成したパイにもひびが入ったり、デコレーションの切り込みを入れる時に破ける。

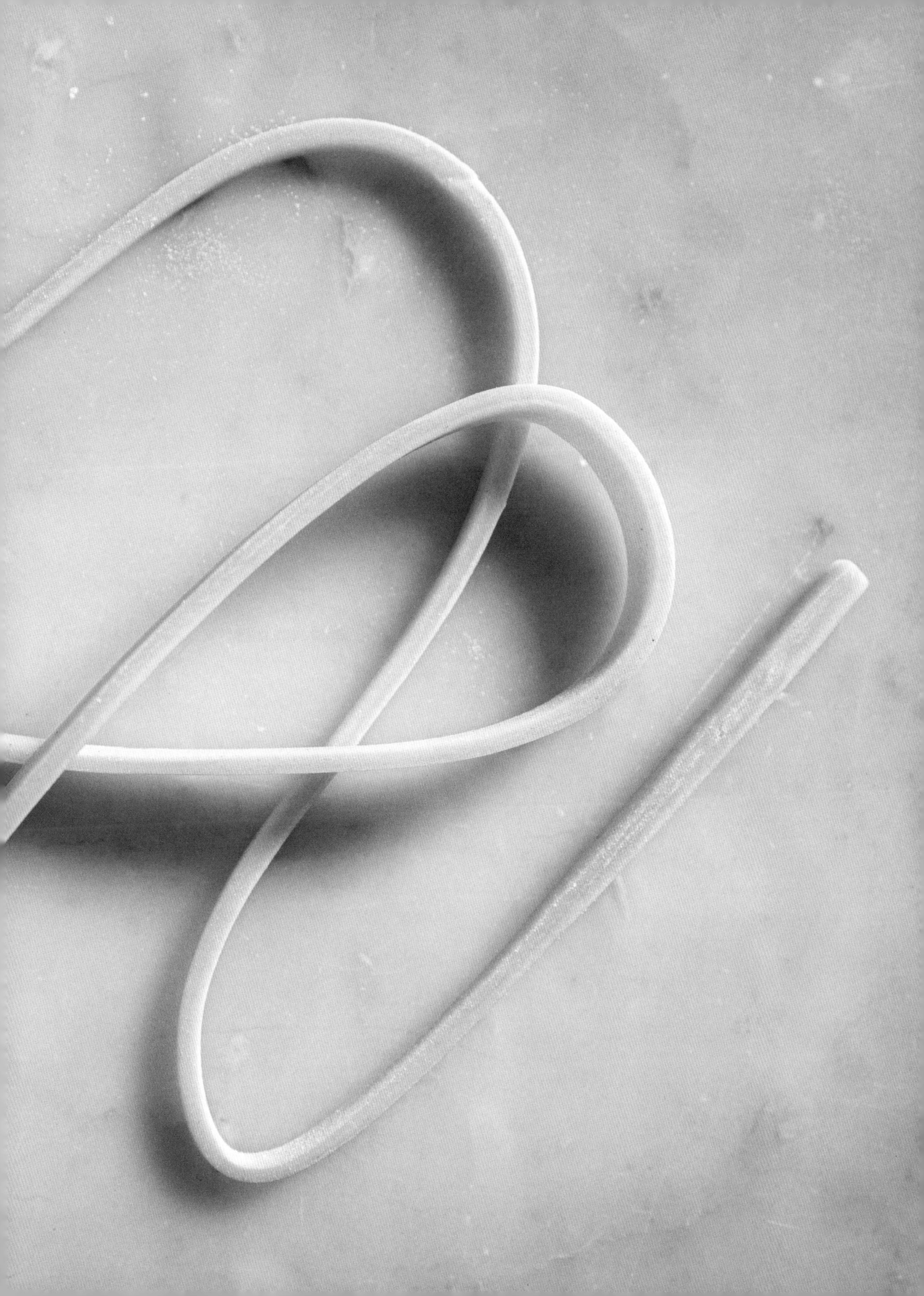

2. 生地の表面に模様を施す

小型の軽量ナイフを使い、模様を入れていく。

※生地を貫通してしまうと、焼成の際に開いてしまうので注意。また、せっかくの模様が隠れてしまわないよう、切り込みを施したら、溶き卵は塗らない。

モチーフを貼りつける

葉などのモチーフを貼りつけて装飾を施す場合（p.33右上）、焼いた時に不格好に形が崩れてしまわないように、貼りつける生地は薄くのばしてから型で抜く。

材料

生地
パイ本体
溶き卵
…卵黄1個分＋水小さじ1

手順

1. モチーフを作る

モチーフ用の生地を薄くのばし、モチーフを抜型で抜く（p.33左上2段目）。

2. パイ本体の表面に溶き卵を塗り、すぐにモチーフを貼りつける

3. 貼りつけたモチーフ部分にのみ溶き卵を塗る

4. 冷蔵庫で15分ほど冷やして休ませる

5. モチーフに小型の軽量ナイフでディテールを施していく

※軽く切り込みを入れていくが、圧がかかるので、モチーフがよりパイ本体に密着する。

編み込みを貼りつける

三つ編みに編み込んだ生地は、魅力的な縁取りになる。見た目よりもずっと簡単な作業ながら、生地の温度が上がらないように注意が必要だ。最適な生地は、ショートクラスト・ペイストリー（p.56）。三つ編みをする際に交互に動かしたり、パイに貼りつける際にあちこちに動かすのに耐えうる丈夫なテクスチャーで、温度上昇にも強い。とはいえ、生地の温度が上がってやわらかくなると、編み込みが難しくなるので、できるだけ冷えた状態で行うこと。

材料

生地
パイ本体
溶き卵
…卵黄1個分＋水小さじ1

手順

1. 編み込み生地を用意する

① 生地を厚さ5㎜以下に薄くのばし、冷蔵庫で20分ほど冷やして休ませる。
※次の工程以降、生地が冷えていることが重要なので、できれば厚いこね台に生地をのせ、台ごと冷やして休ませる。

② 冷えた生地から、5㎜幅の細長い棒状に9本切り出し、クッキングシートを敷いたバットの上にのせていく（左下）。

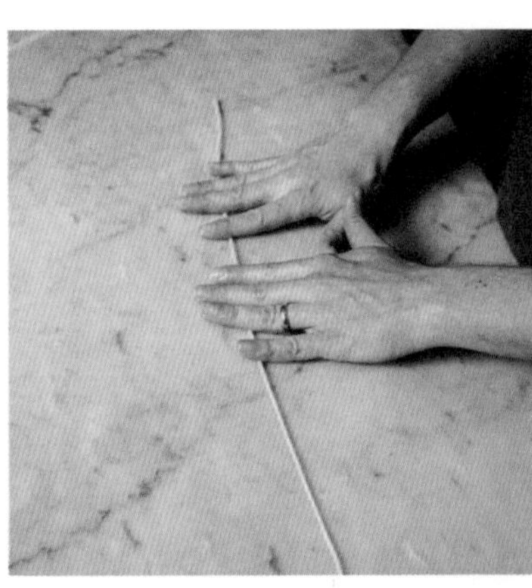

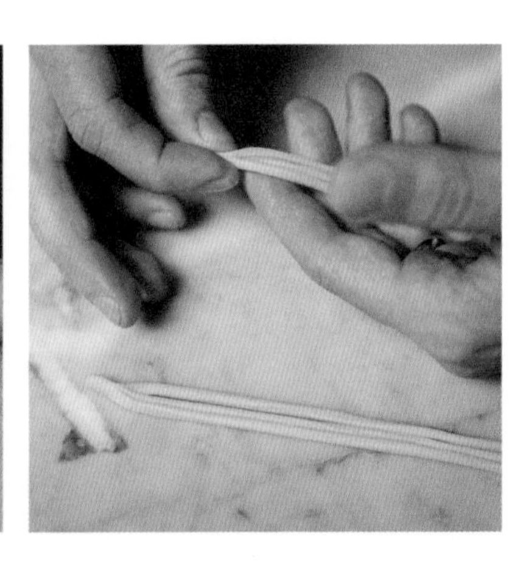

3 生地を1本ずつこね台にのせ、前後にやさしく転がしてのばす（p.36下中央）。

4 生地を3本ずつ束にし、片方の端をつまんでくっつける（p.36右下）。

5 2束の端を重ねて八の字に置き、その中央に残りの1束をのせ、端をつまんでくっつける（上1段目左）。

6 中央にくる束を左右交互に重ね、三つ編みに編んでいく。

ⓐ 中央の束を右の束の上に重ねるように持っていき（上1段目中央）、代わりに中央にきた右の束を左の束の上に重ねるように持っていく。この段階で、左の束が中央にきているので、それを右にある束の上に重ねるように持っていき、代わりに中央にきた束を左にある束に重ねるように持っていく。この作業を端まで繰り返す（上2段目）。

ⓑ 編みおわりは3つの束の端をあわせてつまみ、余分な部分を切り落とす。

2. パイ本体に編み込み生地を貼る

1 パイ本体に溶き卵を薄く塗り、編み込み生地をのせて軽く押えて貼りつける。

2 編み込み生地に軽く溶き卵を塗る。
※溶き卵を塗りすぎると、美しいディテールが失われてしまうので注意。

ThermaLite® 1
ON/OFF
LINEX
MATFER 100
50

ESSENTIAL QUIPMENT
基本の道具

‖ めん棒 ‖

大きく重い木製のめん棒がおすすめ。幸運にも両利きという人を除いて、利き手側の生地がわずかに薄くなる。重いめん棒を使えば、めん棒そのものの重さが圧をかけてくれるので、この偏りを減らせる。また長いめん棒は、生地のより幅広い範囲をカバーするので、均一にのばすことができる。

‖ 電動スタンドミキサー ‖

1kg以上の生地を混ぜるのは手間がかかるので、電動スタンドミキサーを使うと非常に便利。生地を混ぜる場合、手作業だと手の熱が生地に伝わってバターが溶けやすいが、スタンドミキサーだと低温が保たれやすい。「祖母の時代には生地を作るのにミキサーなんて使わなかった」という声も聞くが、現代の生活にあった技術であれば、取り入れるべきこともある。また、フードプロセッサーを使ってもよい。フードプロセッサーに使い慣れているなら、使い慣れているものを使うのが一番だ。

‖ ペストリーブラシ ‖

ペストリーブラシ（調理用の刷毛、p.39右下）は、キッチン用品のショップやネットショップで手に入る。私のコレクションには調理用だけではなく、細かい作業に適した小さな細い絵筆もたくさんある。ゴムやシリコン製の刷毛ではなく、必ず天然毛のブラシを購入してほしい。使ったあとは、よく洗ってしっかり乾燥させること。また、中サイズのブラシ（p.39右上）も1個あると、生地をのばしたあと、こね台についた余分な粉を払うのに便利。

‖ 抜型 ‖

私は次から次へと新たな抜型を買い続けているので、何百個と持っているはずだ。葉やウサギの形はもちろん、想像しうるあらゆる形の抜型を持っている。いろいろな抜型を持っていると、デコレーションする時の楽しさも増す。特に子供と一緒に作る時は！　抜型でモチーフを抜き、パイに貼りつける作業は、子供にとって一番のお楽しみだ。本書では主に、菊型（直径8㎝）、ひし形、葉型（大、小）、丸型（直径6㎝）を使っている。

‖ ボウル ‖

生地を効率よく混ぜるために欠かせないのが大きなボウル。一般家庭では珍しいかもしれない。私は4ℓ容量のボウルを愛用している。通常の使いやすいサイズだけでなく、1つあると重宝するだろう。

‖ 底取れ式のケーキ型（丸型）‖

本書のレシピで最もよく登場するのは、フッ素樹脂加工の直径24㎝底取れ式ケーキ型*。6人分のパイを作るのにちょうどよい大きさだ。底取れ式は、パイを裏返すことなく、そのまま型からはずすことができて便利。

‖ パウンド型 ‖

本書でよく使用しているのは、長さ24×幅13×高さ7㎝パウンド型*。ケーキ型と同様に、フッ素樹脂加工のものがおすすめ。

本書では上記のケーキ型の他に主に、パテ・アン・クルート型（長さ24×高さ8㎝オーバル形）、ブリオッシュ型（内径7～8㎝）、マフィン型（6個取り）、キッシュ型（直径24㎝底取れ式）、ラムカン（直径10㎝）、ポーク・パイ用モールド（直径7.5㎝）、プディングボウル（1.5ℓ、1.2ℓ）、パイ皿（直径24㎝）、ラザニア皿（長さ28×幅16×高さ5.5㎝）、グラタン皿（22㎝、25㎝、26㎝）、耐熱皿（深型 直径25㎝、直径20㎝、850㎖）といったものを使ってパイを作っている。

‖ デジタル調理用温度計 ‖

キッチン用品のショップやネットショップで簡単に手に入り、大活躍まちがいなしのアイテム。本書では、パイや料理の中心温度を焼成の目安とするレシピで使う（使い方はp.78、**3**-⑧）が、日常の料理の場でも重宝するだろう。私は日曜によく牛の塊肉をローストするが、この温度計のおかげで、完璧なピンク色の焼き加減が実現できている。

‖ デジタルクッキングスケール ‖

少量の計量には正確さが求められるので、デジタルスケールを使うのがおすすめ。水や牛乳などの液体は、重さと体積がほぼイコールなので、計量カップ（㎖）で量るよりも、量り（g）で量った方が便利。

‖ 野菜スライサー ‖

「ランカシャー風ホットポット」（p.167）のじゃがいものスライスや、野菜を千切りにするのに便利。必ず安全ホルダーを装着して使用すること。切れ味が悪くなったら、新しいものに買い替えたい。刃が鈍ると、より多くの圧をかける必要があるため、鋭い刃よりもはるかに危険だ。

*お手元になかったり、入手できない場合は、入手できる近いサイズのもので代用してください。その場合、生地やフィリングがあまるなど誤差が生じることがあります。

‖ ピーリングナイフ、ペティナイフ ‖

軽量の小型ナイフは、生地に切り込みを入れたり、細かいディテールを施したりするのに最適。生地のゆるやかにカーブした面や難易度の高い角にはピーリングナイフを、平面にはペティナイフを使うとよいだろう。

‖ パレットナイフ（小）‖

スパチュラのような用途で、デコレーション用の小さな生地モチーフを持ち上げたり、貼りつける際などに非常に便利。

‖ ザル、ふるい ‖

生地作りにおいて重要なポイントである、粉をふるう際に欠かせない。幅広で目の細いザルまたはふるいを用意し、必ず完全に乾いていることを確認してから使う。

‖ メッシュローラー ‖

「傑作ビーフ・ウェリントン」(p.198)など、大型のパイやタルトにふさわしい、華やかなデコレーションを手軽に演出できる。生地の上に転がすだけで、あっという間に網目模様を作れる。使う際のポイントは、生地は十分に冷やしておき、必ず平らな台の上で、メッシュローラーを生地に強く押しつけながら転がしていくこと。単純な道具なので、金属製ではなくプラスチック製のものでも十分。完璧な網目模様を実現するために、私はメッシュローラーをかけたあと、ペティナイフで切り込みをなぞり、すべての切り込みがきれいに開くようにしている。

‖ スケッパー ‖

こね台についた余分な粉や生地を取り除くのに最適。また、ホット・ウォーター・クラスト・ペイストリー(p.59)は水分が多めで、生地が冷めるまでかなりベトつくので、手にこびりついた生地を落とすのにも役立つ。また、「ンドゥイヤのブリオッシュ包み」(p.96)の生地を分割する際にも便利だ。

‖ その他 ‖

パイ作りで上記以外に使う主な道具は以下のとおり。

鍋（大、中、厚底、底広、深型）、蓋つきの鍋（大）、鋳鉄鍋、中華鍋、タジン鍋（23㎝）、フライパン（大、中、オーブン対応の厚手で取っ手の取りはずせる約24㎝のもの）、ローストパン（大、中）、バット、網、平皿（大）、深皿（大）、木べら、スパチュラ、金属製スプーン（大、中、小）、フォーク、パン切りナイフ、カード、キッチンバサミ、金串（短、長）、刷毛、チーズグレーター、ピーラー、調理用糸、絞り袋（使い捨てできるもの・大）、サントノーレ口金、布きん、ペーパータオル、キッチンペーパー、クッキングシート、アルミ箔、ラップ、穴あきレードル、ホイッパー、マッシャー、トング、じょうご、重石、保存瓶（容量500㎖、250㎖）。

THE PIE ROOM
HOLBORN

PASTRY DOUGHS

基本のパイ生地

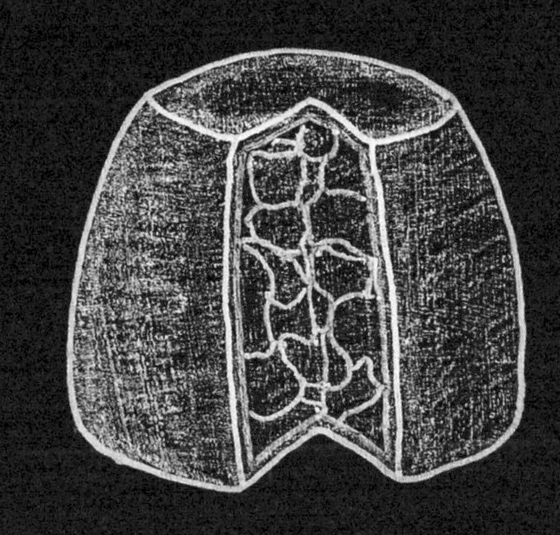

DOUGHS
生地

生地ごとの特徴や原理、生地の扱い方、レシピに最適な生地といった点を理解すると、パイ作りの不安は解消される。ここでは、私が長年かけて培ったパイ生地作りのコツを紹介しよう。パイ生地を使った料理を作る上での自信につながるだろう。

‖ 生地×フィリングの相性 ‖

パイ生地のタイプは、パイに詰めるフィリングのテクスチャーによる。一般的には、水分の多いフィリングの場合は、ショートクラスト・ペイストリー(p.56)のような少ししっかりした生地をあわせ、水分の少ないフィリングの場合は、パフ・ペイストリー(p.63)のような繊細な生地をあわせる。
デザート系の甘いパイを作る場合は、フィリングとのバランスを考慮する。糖度の高いフルーツを使うなら、甘さを加えた生地と塩をきかせた甘くない生地の、どちらがよいバランスだろうか？ 私は、例えば「アップルタルト キャラメル風味のグラサージュ仕立て」(p.218) のアップルタルトには、甘くない生地をあわせている。本書のレシピを読み進めていけば、どんなタイプのフィリングがどんな生地と相性がよいのか、わかるようになるだろう。

‖ 生地を冷やして休ませる理由 ‖

生地作りにおいては、生地を休ませる時間を十分に取ることが、非常に重要なポイントだ。この工程をおろそかにすると、経験豊富なベテランのシェフであっても失敗しかねない。休ませる時間が短いと、生地が割れて中身が漏れてしまったり、焼成中に型から離れて焼きが甘くなったり、不具合が生じる。
粉は水と混ぜるとグルテンが形成され、このグルテンの量により生地の食感が変わってくる。また、グルテンを休ませて落ち着かせると、焼成した時の生地のゆがみや縮みを防げるだけでなく、サクサクした食感が生まれる。
生地は必ず冷蔵庫で冷やして休ませてからのばすのが鉄則。本書のレシピには目安の時間を記してあるが、冷蔵庫で30分以下 (冷凍庫なら20分以下) だと、焼き縮みが生じる場合がある。なお、生地は天板にのせて冷蔵庫で休ませたり (バットの時も)、オーブンで焼くが、それらの際に生地が天板やバットにくっつかないようにクッキングシートを敷くこと。各レシピで特記していない場合もそうして欲しい。

‖ 手早く作業する ‖

「レモンタイム風味のアプリコットのコブラー」(p.217) のように、レシピによっては、ホロホロと崩れるような食感のスイート・ショートクラスト・ペイストリー (p.58) があうものもある。「コロネーションチキンパイ」(p.206) などのように食事系のパイなら、ショートクラスト・ペイストリーが同様の食感でマッチする。「スズキのパイ包み焼き」(p.184) などの場合は、パフ・ペイストリーのように、生地が均一に高く浮き、歯ざわりのよい生地がおすすめだ。

生地のテクスチャーは、主に生地と油脂の結びつき方によって変わる。粉と油脂をしっかり混ぜるほど、粉が油脂にしっかりコーティングされ、グルテンが形成されにくくなる。そのため、ホロっとした食感になる。一方、粉と油脂をしっかり混ぜないと、生地が粗くなり、油脂のくぼみが生地に残って、焼成中に蒸気が発生し、フレーク状になる。パフ・ペイストリーは、この両方の原理が作用している。パフ・ペイストリーは強力粉で作るが、強力粉はグルテンを豊富に含んでいるため、丈夫で骨格のしっかりした生地になる。

‖ 適切な温度 ‖

生地の温度を適切に保つことも、生地作りで重要なポイントだ。生地の温度が高くなると、油脂（バター）が溶けて分離してしまう。とりわけパフ・ペイストリーの場合、致命的だ。生地の温度が高い生地はやらかすぎて、のばすことができない。暑い日に生地の温度が上昇してしまった場合は、冷蔵庫に数分入れて冷やす。ザ・パイ・ルームでは、暑い日には、こね台を冷蔵庫か冷凍庫で冷やしておき、その上で生地をのばしている。こね台が冷えていると、生地がのばしやすい状態を保てる。

‖ 手作り vs 市販のパイ生地 ‖

本書のレシピでは、本書で紹介しているレシピに従って作った生地か、市販のパイ生地を使うという選択肢を用意している。これは、私が現実主義者だからだ。今の時代、料理をする時間がいかに少ないかを私は知っている。市販のパイ生地でも十分なレベルのものがあるので、市販の生地を使ってもよい。半日かけてパフ・ペイストリーを仕込むのは、現実的には難しい場合もある。実際、私だってプライベートでは、手軽さと時間短縮のために市販のパイ生地を使うことがあるのだから。

時間がある時は、本書 (p.56～72) を見ながら、生地作りに挑戦してみてほしい。生地を手作りすることで、生地の特徴や感触を理解でき、様々な種類の生地を使いこなせるようになる。すべてを一から作り上げるという満足感も得られるだろう。

私にとって、生地作りは癒しの時間でもある。生地作りに集中すれば、しばしの間、外の世界から自分を切り離せるが、やはり余裕がある時に限られる話だ。

‖ あまった生地の利用法 ‖

生地の切れ端は、再度のばして使える（2番生地*）が、いくつか注意点がある。「生地をのばす」（p.24）で話したとおり、生地とこね台に打ち粉をする際には、最低限の量を使う。打ち粉の量が多すぎると生地がかたくなり、生地をのばしにくくなるばかりか、焼成の際に割れやすくなる。それゆえ、生地の切れ端を再びのばす時には、まずは生地を冷蔵庫で休ませてから使うこと。生地をのばす際にグルテン組織に負担がかかっているため、生地を休ませないと、大きく焼き縮みしてしまう。生地の切れ端を冷凍保存する場合は、余分な粉を払ってから円盤状にまとめ、ラップでしっかり包んで保存する（1か月保存可能）。

パフ・ペイストリーも再度のばして使えるが、焼き上がりの浮きに高さが出ず、均一にならない上、ラフ・パフ・ペイストリー（p.66）に近い食感になる。

‖ 小麦粉 ‖

強力粉は、薄力粉や中力粉よりもタンパク質の含有量が多く、吸水率が最も高い。また、グルテンが発達しやすいので、しっかりした生地になる。一方、薄力粉や中力粉の方が、よりサクサクした生地になる。

イギリスではここ10年ほど家庭でのパン作りがブームになっており、そのおかげでスーパーや食品店で様々な種類の小麦粉が手に入るようになった。ザ・パイ・ルームでは、栄養と風味に富んだオーガニックの小麦粉を使用しているが、作業するのが楽しくなるような小麦粉だ。生地によっては古代小麦を使うこともある。これは、かつて何世紀も前に農耕されていた穀物から作られた無漂白の小麦粉だ。

その他の材料もあてはまるが、できる限り高品質の小麦粉を使ってほしい。無漂白の小麦粉では、「温製ポーク・パイ」（p.86）のように生地が黒っぽくなり、風味もよくなる。

小麦粉を使う上で一番大切なことは、ふるうことだ。家庭の食器棚やスーパーの陳列棚など、どこにでも置いてある小麦粉のパックは、湿気を吸収してダマになっている場合がある。小麦粉をふるいにかけてダマを取り除くには、ほんの1分もあれば十分だ。粉をふるわずに生地を作り、生地にダマになった小麦粉が混ざった場合、もはやどうすることもできない。必ず使う前にふるいにかけよう。

*パイを作る時に用意した生地を1番生地というのに対して、切れ端やあまった生地などを寄せ集めた生地を指します。再び使うために練ったりのばしたりすることから、グルテンがより出てしまい、1番生地より膨らまず、層もきれいに出ませんが、層がしっかり出なくてもよい料理やお菓子、飾りに活用できます。

‖ 油脂 ‖

本書で最もよく使う油脂はバター。パイ生地はもちろん、様々なパイにバターが登場する。生地のレシピの材料リストには、ただバターとしか記されていないことにお気づきだろう。私にとって、生地には「有塩バター」がスタンダードだからだ。有塩バターはとてもおいしいので、自宅の冷蔵庫に常備し、あらゆる料理に使っている。デザートやお菓子に用いても、塩のバランスよくおいしく仕上がる。小麦粉の説明でも述べたが、バターも高品質なものを使ってほしい。あまったバターは、朝食のトーストに塗ると最高だ。

牛脂やラードは、スーパーやインターネットで手に入る*。ザ・パイ・ルームでは、リーフラード（腹脂）と呼ばれる、豚の腎臓のまわりから採った脂を使用している。リーフラードは非常に純度が高く、風味が強すぎないため、雑味のないおいしい生地に仕上がる。私は幸運にも、シャルキュトリーを作っている友人からリーフラードを分けてもらっているが、近所の精肉店で入手できないか尋ねたり、インターネットで探してみるとよいだろう*。

*日本では、牛脂のうちケンネ脂やスエットは、インターネットでの方が入手しやすく、リーフラードはほぼ流通していません。お近くの肉の専門店にお問いあわせください。

SHORTCRUST PASTRY

ショートクラスト・ペイストリー（練り込みパイ生地、パート・ブリゼ）

文献に登場するショートクラスト・ペイストリーの最古のレシピは、18世紀に遡る。以来、おいしく料理を包むために使われてきた。ホロホロと崩れるような食感の生地で、パフ・ペイストリーよりも、しっかりとかたさのある生地を必要とする食事系のパイやタルトに最適だ。
小麦粉とバターをスタンドミキサーでそぼろ状になるまで混ぜあわせたあと、水分を加えることで、サクサクホロホロした生地になり、とりわけタルト生地に適している。手作業の場合はさらに細かい粒状になる。粉とバターをいかにしっかりと混ぜあわせるかにより、その粒子の度合いを調節できる。生地にバターが少し大きめに小豆くらいのサイズで残っていると、焼成時にバターが溶けて穴が開き、生地に含まれる水分が蒸気となってこの穴を膨らませるため、小さな隙間ができて、より軽い食感が楽しめる。
レシピにも記したが、この生地は練りすぎないように注意しよう。練りすぎるとグルテンが発達しすぎて、かたく弾力のある食感の生地になってしまう。
この生地は私のお気に入りだ。アップルパイの蓋用の生地から、繊細な三つ編みに編み込むデコレーション用の生地まで用途が広い。レシピにあるように適切に塩をきかせれば、確実においしく仕上がる。

基本分量 約1kg分

作り方

1. 下準備をする

卵はボウルに割り入れて溶きほぐし、氷水を加えて混ぜて卵液を作る。使う直前まで冷蔵庫に入れておく。

※卵液を冷やしておくことで、バターとあわせた時に、バターが冷えたままの状態を保つため、分離するのを防げる。

2. 材料を混ぜる

手作業か、スタンドミキサーを使って材料を混ぜる。

手作業の場合：中力粉と塩をあわせてふるい、ボウルに入れる。バターを加え、粉をまぶすようにしながら、カードで可能な限り細かく刻む。手早く両手の指先で軽くすりあわせてはボウルに落とし、パン粉状にする。

スタンドミキサーを使う場合：中力粉と塩をあわせてふるい、ミキサーボウルに入れる。バターを加え、低速のビーターでバターがよく混ざるまで様子を見ながら2～3分混ぜあわせる。

※粉は使う直前まで冷蔵庫で冷やしておく。室温が高い部屋や夏など気温が高い時には、ボウルなどの道具も冷やしておくとよい。サクサクの生地にしたい場合は、生地の中にバターがチョコチップ大に残っている状態に仕上げる。均一でなめらかな生地にしたい場合は、細かい粒状に仕上げる。

3. 卵液を加えて混ぜる

手作業の場合：粉の中央をくぼませ、**1**の卵液を加え、カードで生地がまとまるまで手早く混ぜる。

スタンドミキサーを使う場合：**1**の卵液を2～3回に分けて加えながら、低速のビーターで卵をなじませていく。

※この時点ではまだ生地はかなり粗い状態でよく、練りすぎないようにすることが重要。生地を練りすぎると、小麦に含まれるグルテンが多く形成され、弾力のある生地になってしまう。

4. 生地を軽くこねて整える

1 軽く打ち粉をしたこね台の上に生地を取り出し、数回軽くこねる。
※生地をこねすぎないよう注意。

2 生地を長方形にまとめて平らにならし、ラップでしっかりと包み、冷蔵庫で1時間（最低30分）冷やして休ませる。
※生地は冷蔵庫で3日、冷凍庫で1か月保存可能。冷凍保存する場合は、用途に応じて小分けにしておけば、生地をむだなく使え、解凍時間の短縮にもなる。冷凍した生地を使用する際は、冷蔵庫に移して一晩かけて解凍する。

材料

中力粉 … 500g
バター（よく冷やしたもの、2㎝角）
… 250g
卵 … 2個
氷水 … 60㎖
塩 … 10g
打ち粉（中力粉）… 適量

SWEET SHORTCRUST PASTRY

スイート・ショートクラスト・ペイストリー（タルト生地、パート・シュクレ）

デザート系のタルトやパイの生地には、砂糖が入るものもあれば入らないものもあるが、それはパイに詰めるフィリングの甘さによる。酸味のあるフィリングをあわせる場合は、砂糖入りの甘い生地であるスイート・ショートクラスト・ペイストリーがよいだろう。本書のレシピでは、スイート・ショートクラスト・ペイストリーか、ショートクラスト・ペイストリーかを指定している。

私は長年、多くのスイート・ショートクラスト・ペイストリーのレシピを研究してきた。ここで紹介するのは、うまくいった点を「いいとこどり」して取り入れた、究極のスイート・ショートクラスト・ペイストリーだ。テクスチャーがしっかりしていて、空焼きに適し、きれいに切り分けることができる。また、塩気と甘さのバランスが絶妙だ。生地をこねすぎたり、休ませる時間が短いと、焼き縮みの原因になるので注意しよう。

基本分量 約1kg分

材料

中力粉 … 500g
バター（よく冷やしたもの、2cm角）
… 250g
グラニュー糖 … 180g
卵（溶きほぐしたもの）… 2個分
バニラエキストラクト … 小さじ1/2
塩 … たっぷりひとつまみ

作り方

1. 材料を混ぜる

手作業か、スタンドミキサーを使って材料を混ぜる。
手作業の場合：ボウルにバター、砂糖、バニラエキストラクトを入れ、ホイッパーですりあわせてクリーム状にしていく。途中、ボウルの側面についた生地を取りながら、白っぽくふんわりした状態になればOK。
スタンドミキサーを使う場合：ミキサーボウルにバター、砂糖、バニラエキストラクトを入れ、中速のビーターでクリーム状にしていく。1分ほどしたらスタンドミキサーをとめ、いったんボウルの内側とビーターについた生地をこそげ落とす。引き続き中速のビーターで4〜5分まわし、白っぽくふんわりした状態になったらボウルを本体からはずし、ビーターについた生地をきれいに取る。

2. 中力粉と塩を加えて混ぜる

手作業の場合：中力粉と塩をあわせてボウルにふるい入れ、スパチュラ（または金属製の大きなスプーン）で粉っぽさがなくなるまでさっくりと混ぜあわせる。
スタンドミキサーを使う場合：中力粉と塩をあわせてふるい、ミキサーボウルに加える。中速のビーターで粉っぽさがなくなるまで混ぜる。
※粉が飛び散る場合があるので、はじめは低速で混ぜるのがよい。

3. 卵を加えて混ぜる

手作業の場合はスパチュラで、スタンドミキサーの場合は中速のビーターで、卵を1/4量加えて、混ぜ込んでいく。卵が完全になじんだら、同様に1/4量加え、生地がなめらかになるまで混ぜる。卵がなくなるまで繰り返す。

4. 生地を整える

ショートクラスト・ペイストリーと同様に軽くこね（p.57、**4**-1）、生地を長方形にまとめて平らにならし、ラップでしっかりと包み、冷蔵庫で1時間（最低30分）冷やして休ませる。
※生地は冷蔵庫で3日、冷凍庫で1か月保存可能。冷凍保存する場合は、用途に応じて小分けにしておけば、生地をむだなく使え、解凍時間の短縮にもなる。冷凍した生地を使用する際は、冷蔵庫に移して一晩かけて解凍する。

HOT WATER CRUST PASTRY

ホット・ウォーター・クラスト・ペイストリー（湯練りパイ生地）

伝統的にコールド・ポークパイを包むために使われてきたホット・ウォーター・クラスト・ペイストリーは、イギリスで最も古いパイ生地の1つ。初期には小麦粉と湯だけで作られていたが、中世になると小麦粉、湯、ラードという現在のようなレシピになったそうだ。晩餐会には、ガチョウやシカ、丸ごとのハクチョウを包んだ巨大なパイが供された。
この生地を作る技術は昔からほとんど変わっておらず、冷めるとかたくなってしまうため、熱いうちに作業をすること。ザ・パイ・ルームでは、伝統的なレシピを応用し、ローズマリーがフレッシュに香る、少し軽めのサクサクした食感の生地に仕上げている。

基本分量 約1kg分

作り方

1. 下準備をする
鍋に、水、ラード、ローズマリー、塩を入れて強火にかけ、沸騰したら中火にしてラードを溶かす。ラードが完全に溶けたら火をとめ、そのまま置いてローズマリーの香りを移す。

2. 中力粉と卵を混ぜる
中力粉をふるってボウルに入れ、卵を加えて均一になるまでよく混ぜる。
手作業の場合：カードですり混ぜる。
スタンドミキサーを使う場合：中力粉がなじむようにはじめは低速のビーターで、そのあと中速にして、2～3分混ぜる。

3. 生地に1を加えて混ぜる
1からローズマリーをフォークで取り出し、強火にかけてひと煮立ちさせる。**2**に少しずつ注ぎ、ダマにならないように気をつけながらなめらかにひとまとまりになるまで、手作業の場合は手で、スタンドミキサーの場合は低速のビーターで混ぜはじめ、そのあと中速にしてよく混ぜる。
※スタンドミキサーの場合、途中で1度、ボウルの側面とビーターをこそいで生地を落とし、ダマにならないようにする。

4. 生地を休ませる
クッキングシートを敷いたバットの上に生地を広げ、表面にもクッキングシートをかぶせ、完全に冷めてから冷蔵庫に入れ、10分ほど冷やして休ませる。
※生地は冷蔵庫で3日、冷凍庫で1か月保存可能。冷凍保存する場合は、用途に応じて小分けにしておけば、生地をむだなく使え、解凍時間の短縮にもなる。冷凍した生地を使用する際は、冷蔵庫に移して一晩かけて解凍する。

材料

中力粉 … 500g
水 … 200㎖
ラード … 160g
ローズマリー … 2枚
卵（溶きほぐしたもの）… 2個分
塩 … 10g

PUFF PASTRY

パフ・ペイストリー（折り込みパイ生地、フィユタージュ）

パフ・ペイストリーは、フランスで誕生したものだと思っていた。フランスの食文化を代表する生地であり、どこのパティスリーのウィンドーにもフィユタージュを使った菓子が並んでいるので早合点していたのだ。しかし、スペインにおける歴史はフランスよりも古く、17世紀初頭にはじめて記録されている。フランス初のレシピは、20世紀半ばの登場だ。

バターを使った伝統的なパフ・ペイストリーは、蒸気の力で生地が1枚ずつ浮き上がり、幾重にも層が重なった生地だ。油脂層と生地層が交互に何層にも重なることで、焼成するとバターが溶けた層ができる。そのあと、生地と油脂に含まれる水分が沸騰して蒸気が発生し、この隙間が膨らむのがその原理だ。この変化のプロセスが素早く行われ、構造が形成されて固定されるためには、生地を焼成する前にオーブンが適切な温度になっていることが重要だ。

パフ・ペイストリーは、ラフ・パフ・ペイストリー（p.66）よりも生地が均一に高く浮き、きれいに仕上がるので、「デビルド・キドニー　ヴォロヴァン仕立て」（p.95）のように洗練された料理に向いている。

正直なところ、パフ・ペイストリーを作るのが難しいというのは迷信だ。成功の秘訣は、計画性と忍耐力、そして指示に忠実に従うこと。このレシピは1回に仕込む生地の量が多いので、用途に応じて生地を小分けにし、ラップで包んで冷凍保存しておくとよい。

基本分量 約1.5kg分

作り方

1. 材料を混ぜる

デトランプ用のバターは1㎝角に切り、室温に戻す。バター生地用のバターは1㎝角に切り、よく冷やしておく。

2. デトランプを作る

① 手作業か、スタンドミキサーを使って材料を混ぜる。
手作業の場合：強力粉と中力粉をあわせてふるい、大きなボウルに入れる。バターを加えて粉とすりあわせ、塩、氷水を加え、指でやさしく混ぜて、均一な生地にする。軽く打ち粉をしたこね台に取り出し、なめらかになるまで5分ほどこねる。
スタンドミキサーを使う場合：強力粉と中力粉をあわせてふるい、ミキサーボウルに入れる。塩、バター、氷水を加え、中速のフックで数分まわす。バターが粉と混ざり、なめらかな状態になればOK。

② 生地を長方形にまとめて平らにし、ラップでしっかりと包み、冷蔵庫で45分ほど冷やして休ませる。

材料

❁デトランプ
強力粉 … 350g
中力粉 … 200g
バター … 115g
氷水 … 250㎖
塩 … 15g
打ち粉（強力粉または中力粉）… 適量

❁バター生地（折り込み用）
強力粉 … 50g
バター … 500g

3. バター生地を作る

1 使ったボウルをきれいに洗って乾かす。

2 手作業か、スタンドミキサーを使って材料を混ぜる。
手作業の場合：バターとふるった強力粉を入れ、均一な生地になるまで木べらで5〜10分すり混ぜる。
スタンドミキサーを使う場合：バターとふるった強力粉を入れ、低速のビーターで均一になるまで2分ほど混ぜる。

3 クッキングシートの上にのせ、別のクッキングシートをかぶせ、めん棒でのばして厚さ1㎝ほどの正方形に整える（左下）。冷蔵庫に入れ、デトランプと同じかたさになるまで冷やして休ませる。
※デトランプとバター生地のかたさが、同じくらいであることが重要。さもないと、均一にのばすことができず、生地に裂け目が生じたり、穴が開く場合がある。

4. パフ・ペイストリーを作る

1 軽く打ち粉をしたこね台に**2**のデトランプをのせ、**3**のバター生地の2倍強の大きさの長方形にのばす。

2 デトランプを横長に置き、片側にバター生地をのせ（下中央）、残りの生地をかぶせて包み（右下）、周囲を軽く押えて閉じる。
※空気が入らないように、ぴったりとバター生地に密着させながら包んでいく。

3 幅の約3倍の長さの長方形にのばす（p.65左上）。

4 生地の四角に手の側面をあてて角がきちんと出るように整え、表面の余分な打ち粉を払う。

5 生地を3等分するつもりで軽く指で印をつけ（p.65上中央）、真ん中の生地に指で軽く水（材料外、適量）を塗る。手前から1/3のところで内側に折り、向こう側からも折って重ねる。

⑥ 生地をラップでしっかりと包み、右下に指1本を軽く押し込んで跡をつけ、三つ折り1回目完了の印とする。冷蔵庫で30分ほど冷やして休ませる。
※三つ折り後に毎回、生地を冷やして休ませることでバターが締まり、生地とバターの層が均一になる。

⑦ 生地を冷蔵庫から取り出し、三つ折り1回目終了の印が先ほどと同じく右下にくるようにして軽く打ち粉をしたこね台の上にのせ、時計まわりに90度向きを変える。

⑧ 18×45㎝ほどの大きさにのばす。

⑨ 再度、手前と向こう側から折り込んで三つ折りにし、手の側面を生地にあてて両端と角をきっちり整える（右上）。

⑩ 生地をラップでしっかりと包み、右下に指2本を軽く押し込んで跡をつけ、三つ折り2回目完了の印とする。冷蔵庫で30分ほど冷やして休ませる。

⑪ ⑦～⑩の作業をさらに2回繰り返す。最後は冷蔵庫で45分ほど冷やして休ませる。
※生地は冷蔵庫で3日、冷凍庫で1か月保存可能。冷凍保存する場合は、用途に応じて小分けにしておけば、生地をむだなく使え、解凍時間の短縮にもなる。冷凍した生地を使用する際は、冷蔵庫に移して一晩かけて解凍する。

ROUGH PUFF PASTRY

ラフ・パフ・ペイストリー（速成折り込みパイ生地、フィユタージュ・ラピッド）

この生地は、パフ・ペイストリーよりも、短時間で簡単に作ることができる。浮きにはムラがあるので無骨な感じになるが、それなりに魅力的だ。家庭的な雰囲気を醸し出すので、私は一部のパイにこの生地を好んで使っている。

ラフ・パフ・ペイストリーは、パフ・ペイストリーの約70%の高さまでしか浮き上がらないので見栄えは劣るが、きちんと層が折り重なったパフ・ペイストリーを作るための入門編としてうってつけだ。このレシピは大量に仕込むことになるので、用途ごとに小分けにし、ラップでしっかりと包んで冷凍保存しておくとよい。

基本分量 約1.25kg分

作り方

1. 材料を混ぜる

手作業か、スタンドミキサーを使って材料を混ぜる。
手作業の場合：中力粉をふるってボウルに入れ、塩とバターを加え、バターが粉と混ざって小豆大になるまで、指でバターを押して粉の中にもみほぐす。
スタンドミキサーを使う場合：ミキサーボウルにふるった中力粉を入れ、塩とバターを加えて、低速のビーターでバターが粉と混ざって小豆大になるまで2〜3分混ぜる。
※手作業の場合は、生地の温度が上がらないように素早く行う。

2. 生地がまとまるまで混ぜる

手作業の場合：氷水を1度に加え、生地がまとまるまで軽くこねる。
スタンドミキサーを使う場合：氷水を1度に加え、中速のビーターで混ぜる。
※完全に混ざった状態ではなく、バターが目に見える状態でOK。もろもろとした粗い状態にしたいので、あまり長く混ぜない。

3. 生地をこねて整える

1 軽く打ち粉をしたこね台の上に生地をのせ、完全に粉っぽさがなくなるまでこねる。

2 生地を軽く平らにならし、ラップでしっかりと包み、冷蔵庫で30分ほど冷やして休ませる。

4. 生地を仕上げる

1 軽く打ち粉をしたこね台に生地をのせ、30×50㎝くらいの長方形にのばす。生地に手の側面をあて、角がきちんと出るように整え、表面の余分な打ち粉を払う。

2 生地を3等分するつもりで軽く指で印をつけ、真ん中の生地に指で軽く水（材料外、適量）を塗る。手前から1/3のところで内側に折り、向こう側からも折って重ねる。

3 生地の向きを時計まわりに90度変え、同様に30×50㎝くらいにのばし、再び手前と向こう側から折って三つ折りにする。

4 ラップでしっかりと包み、右下に指1本を軽く押し込んでくぼませ、三つ折り2回（1セット）完了の印とする。冷蔵庫で30分ほど冷やして休ませる。

5 生地を冷蔵庫から取り出し、生地の向きを時計まわりに90度変えてから、1〜4をさらに2セット繰り返す。最後は冷蔵庫で最低40分冷やして休ませる。
※生地は冷蔵庫で3日、冷凍庫で1か月保存可能。冷凍保存する場合は、用途に応じて小分けにしておけば、生地をむだなく使え、解凍時間の短縮にもなる。冷凍した生地を使う際は、冷蔵庫に移して一晩かけて解凍する。

材料

中力粉…500g
バター（よく冷やしたもの、1㎝角）…500g
氷水…250㎖
塩…小さじ1
打ち粉（中力粉）…適量

SUET PASTRY

スエット・ペイストリー（牛脂入りパイ生地、スエット生地）

ホット・ウォーター・クラスト・ペイストリーと同じく、イギリスの古典的なパイ生地だ。今では日常的にあまり使われることのない牛脂を使う。
牛脂とは、主に牛や羊の腎臓まわりについている非常にかたい脂肪のこと。そのままでは粉に練り込むことができないため、溶けやすいように細かく切って生地に混ぜ込む。焼成すると、牛脂が溶けることで空気の層ができ、サクサクした焼き上がりになる。また、「牛ほほ＆キドニーのスエット・プディング」（p.156）のように、蒸すとしっとりした生地に仕上がる。
この牛脂入りパイ生地は、セルフライジングフラワーに含まれるベーキングパウダーの作用で、軽い生地に仕上がる。すぐに使うのがベストだが、冷蔵（または冷凍）保存も可能。ただし、浮きは悪くなる。
私がこの生地にはじめて出会ったのは、レストラン「Roast（ロースト）」で働いていた時のことだ。先輩シェフのマーカス・バーベルン（Marcus Verberne）が作り方を教えてくれた。彼が冷凍したバターをチーズおろし器ですりおろすのをはじめて見た時は、「一体何をしているんだ！」とギョッとしたのを覚えている。むろん今では、その理由を理解しているが。とても素晴らしいレシピなので、ほとんどアレンジせずに作り続けている。

基本分量 約1kg分

材料

セルフライジングフラワー*1 … 550g
バター … 150g
牛脂（ケンネ脂、細かく切ったもの）*2 … 210g
タイム … 12g
氷水 … 250㎖
塩 … 10g

*1 入手できない場合は、中力粉550g、ベーキングパウダー大さじ1を混ぜたもので代用できます。

*2 日本ではミンチ状のものがインターネットで購入可能。または、お近くの肉の専門店にお問いあわせください。

作り方

1. 下準備をする

① バターは冷凍しておき、凍ったままのバターをすりおろして金属製のボウルに入れ、使うまで冷凍庫に入れておく。

② 牛脂は冷蔵庫でしっかり冷やしておく。

2. 材料を混ぜる

手作業か、スタンドミキサーを使って材料を混ぜる。
手作業の場合：セルフライジングフラワーと塩をふるい、ボウルに入れる。タイムの葉を摘み取り、**1**のバターと牛脂と一緒に加えて軽く混ぜ、両手の指先で軽くすりあわせてはボウルに落とし、パン粉状にする。少しずつ氷水を加えて生地が軽くまとまるまで混ぜる。
スタンドミキサーを使う場合：タイムの葉を摘み取り、ふるったセルフライジングフラワー、バター、牛脂、塩と一緒にミキサーボウルに入れて、低速のビーターで2分ほど混ぜる。氷水を少しずつ加えながら、生地が軽くまとまるまでそのまま混ぜる。

3. 生地を整える

① 生地をこね台の上に取り出し、軽くまとめる（目安は、粉っぽさはないが、まだ牛脂とバターが残っている状態）。

② 生地を軽く平らにならし、ラップでしっかりと包み、冷蔵庫で30分ほど冷やして休ませる。
※生地は冷蔵庫で3日、冷凍庫で1か月保存可能。ただし、セルフライジングフラワーには膨張剤が含まれており、液体と混ぜた途端に活性化（炭酸ガスが発生）するため、保存した生地は浮きがやや悪くなる。冷凍した生地を使う際には、冷蔵庫で一晩かけて解凍する。

BRIOCHE DOUGH

ブリオッシュ生地

パンとケーキの中間のようなテクスチャーのブリオッシュ生地には、バターがふんだんに使われ、甘い系のレシピにも塩系のレシピにもあう。ブリオッシュの起源はフランスとされているが、バターが手ごろな価格になるにつれ、レシピは軽いものからリッチなものへと、歴史の中で変化してきた。
このレシピは、生地を一晩冷蔵庫で寝かせるオーバーナイト法（低温長時間発酵）を用いるので、前の晩に生地を仕込めば、翌日のブランチやランチに使える。低温で長時間発酵させることで、きれいな気泡がたくさん入った生地になる。ここでは、いわゆる1次発酵まで紹介しよう。

基本分量 約1kg分

作り方

1. 材料を混ぜる

手作業か、スタンドミキサーを使って材料を混ぜる。
手作業の場合：強力粉をふるってボウルに入れ、ドライイースト、砂糖、塩を加え、ホイッパーで混ぜあわせる。
スタンドミキサーを使う場合：ミキサーボウルにふるった強力粉、ドライイースト、砂糖、塩を入れ、摩擦熱で生地の温度が上昇しすぎるのを防ぐべく、低速のフックで混ぜる。

2. 卵と牛乳を加えてこねる

手作業の場合：卵と牛乳を加え、上に引っ張るように持ち上げては、下に戻しながら向こう側に押し出すようにしてこねていく。生地が台から離れ、コシが出て表面がなめらかになればOK。
スタンドミキサーを使う場合：卵と牛乳を加え、低速のフックで5分ほどまわし、生地にコシが出てなめらかになるまでこねる。

3. バターを練り込む

手作業の場合：バターひとつかみ（大さじ山盛り1）を生地の中心に埋め、バターを包み込むようにこねる。なめらかになりツヤが出たら、バターをひとつかみ（大さじ山盛り1）ずつ加え、同様にこねていく。
スタンドミキサーを使う場合：低速のフックでまわしながら、バターを1/4量ずつ加えていく。時々、側面についた生地をこそげ落としながら、生地がボウルの側面から離れるまで混ぜ続ける。
※生地の温度が上がるとバターが分離してしまうので、生地をこねすぎたり、高速でまわしたりしないこと。この時点では、生地は非常にやわらかい状態。

4. 発酵させる

別のボウルに軽く打ち粉をして生地を入れ、ラップか布きんをかぶせる。冷蔵庫に一晩（最低7時間）入れて生地を発酵させる。
※一晩寝かせることで、生地が締まって成形しやすくなる。生地は冷凍庫で2週間保存可能。冷凍した生地を使う際は、冷蔵庫に移して一晩かけて解凍する。

材料

強力粉…450g
ドライイースト…8g
グラニュー糖…15g
卵（溶きほぐしたもの）…3個分
牛乳…90㎖
バター（よく冷やしたもの、1㎝角）…275g
塩…10g
打ち粉（強力粉）…適量

CHOUX PASTRY

シュー・ペイストリー（シュー生地）

シュー・ペイストリーの使い道は、プロフィトロールやエクレアだけではない。私はどちらのお菓子も大好きだが、この生地は食事系の料理とも相性がよい。本書ではシュー・ペイストリーを使ったレシピは掲載していないが、せっかくなので生地の歴史と作り方を紹介しよう。
シュー・ペイストリーの起源は16世紀のフランスに遡り、当時はパータ・ア・ショー（pâte à chaud、熱い生地）と呼ばれていた。その後、18世紀にフランスの偉大なパティシエ、ジャン・アヴィス（Jean Avice）が完成させたといわれ、形がキャベツ（フランス語で「choux、シュー」）に似ていることから、シューという名がついたという。フランス料理のレシピ本によく見られるように、アントナン・カレーム（Antonin Carême）が今日のようなレシピに改良し、王室の晩餐会で巨大なピエス・モンテを作るために使った。
シュー・ペイストリーには強力粉を使うが、強力粉はタンパク質の含有量が多いので、吸水率が高い。しかも、卵を多く使うため、仕上がりが軽くなる。また、強力粉に多量に含まれるタンパク質が、グルテンをより発達させるので、焼成中に生地が破裂することなく膨らむ。

基本分量 約500g分

材料

強力粉 … 65g
牛乳 … 120㎖
水 … 110㎖
バター（常温に戻したもの、1〜2㎝角）
　… 60g
卵（溶きほぐしたもの）… 2個分
塩 … たっぷりひとつまみ

作り方

1. 生地のベースを作る

フッ素樹脂加工の鍋に牛乳、水、バター、塩を入れて強火にかけ、沸騰させる。バターが溶けたら火からおろし、ふるった強力粉を加える。中火にかけて木べらでよくかき混ぜ、生地が鍋底から離れてまとまるまで3分ほど火を通す。生地が鍋底にはりつくようであれば、火を弱めて調節する。

2. 卵を混ぜる

① 手作業か、スタンドミキサーを使って材料を混ぜる。
手作業の場合：ボウルに**1**を移し、粗熱が取れるまで混ぜる。切りほぐすようにしながら、卵の1/4量を加えてなじませる。
スタンドミキサーを使う場合：ミキサーボウルに**1**を移し、中速のビーターで30秒ほどまわして粗熱を取る。そのまま中速でまわしながら、卵の1/4量を加えて混ぜる。

② さらに卵を1/4量ずつ加えていく。
手作業の場合：卵がすべて混ざり、生地がなめらかでツヤが出るまで混ぜる（目安は、指で軽くつまむと、生地が倒れず、形が崩れない状態）。
スタンドミキサーを使う場合：中速のビーターで混ぜる。
※生地は冷蔵庫で3日、冷凍庫で1か月保存可能。冷凍する際には、生地をバットに絞り出してからいったん冷凍し、さらに保存容器に移し替えて冷凍保存すると便利。絞り出した状態で冷凍した場合、冷凍庫から出してそのまま焼成できる。解凍にかかる時間もプラスされるので、焼成時間は長くなるが、生の生地から焼くのとあまり大差なく焼き上がる。

FILO PASTRY

フィロ・ペイストリー（フィロ生地、パート・フィロ）

フィロ・ペイストリーは、手作りできないことはないが、おすすめしない。私も試してみたが、ある程度の量を仕込むには、かなりの時間と根気が必要だ。
正直なところ、市販のフィロ・ペイストリーを使った方がよい。ここまで紹介してきた他のパイ生地と異なり、手作りのフィロ・ペイストリーと市販品では、わざわざ時間をかけて作るほどの大きな違いはない。実際、ホルボーン・ダイニング・ルームでも、市販のフィロ・ペイストリーを使っている。
本書の目的はパイ料理を気軽に楽しんもらうことなので、実用性に重きを置いている。だから、時間がありあまっていない限り、市販品*を使ってほしい。

*日本でフィロ・ペイストリーはインターネットで購入可能です。本書では、フィロ・ペイストリー以外のペイストリーに関しても、市販のパイ生地が代用品として紹介されていますが、入手しづらいものもあるようです。日本の市販のパイ生地は主に、パフ・ペイストリーにあたるため、パフ・ペイストリーとラフ・パフ・ペイストリーは市販品で代用できます。ショートクラスト・ペイストリーも代用できますが、異なる食感に仕上がります。

STARTERS & SNACKS

前菜＆スナック系のパイ

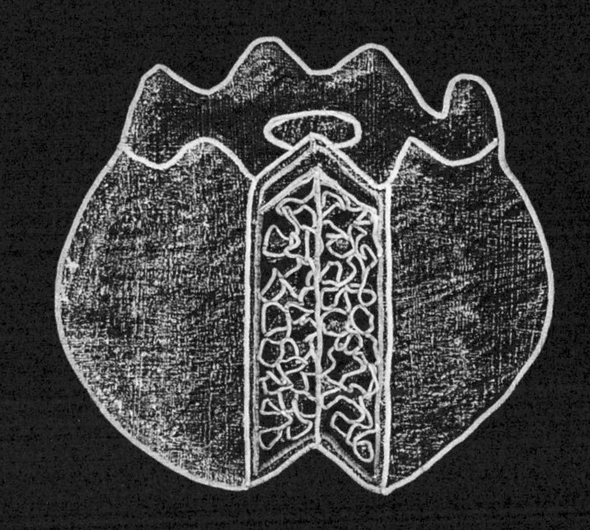

THE ULTIMATE SAUSAGE ROLL

究極のソーセージ・ロール

イギリスのソーセージ・ロールは、ソーセージを丸々1本生地で巻くのではなく、ソーセージの肉をフィリングとして巻き込んだもの。ザ・パイ・ルームでは、究極のソーセージ・ロールを目指して、様々な風味と食感を試行錯誤してきた。しかし、たどり着いた答えは、シンプル・イズ・ベスト。フィリングに味わい深さは必要だが、風味や食感を盛り込みすぎてはいけない。
このレシピでは、カンバーランド・ソーセージの肉に、少量のベーコンとタイムの葉を加えているのがミソ。秘訣は、肉と生地の黄金比率にある。肉に火が通るのに時間がかかれば、それだけ生地はパリッとするからだ。

4人分

材料

ラフ・パフ・ペイストリー（p.66、または市販のパイ生地）… 400g
溶き卵 … 卵黄2個分＋水小さじ2
黒ごま、白ごま … 各ひとつまみ
打ち粉（中力粉）… 適量

❁フィリング

カンバーランド・ソーセージ（ハーブ入り生ソーセージ、皮を取り除いたもの）… 700g
ベーコン（みじん切り）… 150g
タイム … 25g
塩 … 小さじ1/3
黒こしょう（挽きたて）… たっぷりひとつまみ

❁サイドディッシュ

スターアニス風味のプラムチャツネ（p.248）… 適量

*このパイはサイズが大きいため、オーブンに入るよう、あらかじめレシピを半量にして作ることもできますが、著者の味を再現するには、レシピ全量で作り、生地のサイズとフィリングを半分にしてパイを2個作ることをおすすめします。調理時間は多少調整が必要になることがあります。

作り方

1. 生地を仕上げる

軽く打ち粉をしたこね台にラフ・パフ・ペイストリーをのせ、厚さ5㎜にのばし、25×40㎝の長方形に整える。クッキングシートを敷いた天板に移し、冷蔵庫で30分ほど冷やして休ませる。
※天板のサイズにあわせた大きさの長方形に整えてOK*。

2. フィリングを作る

タイムの葉を摘み取り、ソーセージの肉、ベーコン、塩、こしょうと一緒にボウルに入れ、手で粘り気が出るまでよく混ぜる。絞り袋に詰めて、冷蔵庫で20分ほど冷やして休ませる。
※絞り袋がない場合は、直径6㎝の円筒状に成形し、ラップでしっかり包んで両端をきつくねじって閉じる。

3. パイを作る

① **1**を冷蔵庫から取り出し、表面の余分な粉を払い落とす。**2**の絞り袋は、絞り口が幅5㎝になるところで先端を切り落とす。
② 生地を天板にのせたまま横長になるように置き、生地の手前から6㎝のところに**2**をゆっくりと横長に絞り出していく。
※**2**で円筒状に成形した場合は、生地の手前から6㎝のところに横長にのせる。
③ フィリングの向こう側の生地に溶き卵を薄く塗る。手前に返し、フィリングの上に空気が入らないように密着してかぶせて包み、上下の生地の端どうしをしっかり押してくっつける。
④ フォークに軽く打ち粉をして余分な粉を払い、生地の縁をフォークでしっかりと押えて筋をつける。フォークに生地にくっつくようであれば、さらに打ち粉をする。
⑤ 表面全体に溶き卵を薄く塗り、冷蔵庫で10分ほど冷やして休ませる。溶き卵が乾いたら、再び溶き卵を塗る。

⑥ 鋭利なナイフで表面全体に等間隔で斜めに浅く切り込みを入れ、冷蔵庫で再び10分ほど冷やして休ませる。

※切り込みを入れると生地が少しのびるため、つなぎ目がぱっくり開いてしまうのを防げる。

⑦ 縁を切り揃え、最後に再び溶き卵を塗り、黒ごまと白ごまを散らす。

※溶き卵を塗って、ごまを生地にしっかりくっつける。

⑧ 210℃に予熱したオーブン（コンベクションオーブンの場合は190℃）で25分ほど焼く。デジタル調理用温度計を中心部に刺し、中心温度が75℃以上あればOK。この温度に達していなければ、オーブンに戻してさらに加熱し、中心温度が75℃になるまで5分おきに確認する。

※デジタル温度計がない場合は、フィリングの中心に金串を刺して10秒おき、抜いた串を手にあてて熱々の状態であればOK。以後のレシピでも中心温度を確認する場合は、同様に行う。

⑨ オーブンから取り出して網に移し、10分ほど冷ましてから、パン切りナイフで8等分にする。

⑩ 器に盛り、サイドディッシュを添える。

※温かいうちにいただくのがベスト。

GALA PIE

ガラ・パイ

ガラ・パイは、伝統的な「温製ポーク・パイ」(p.86)の進化形。フィリングの中心にゆで卵が必ず鎮座するこのパイは、イギリス人にとってピクニックの定番。私は常々、気になっていた。なぜ世のガラ・パイの卵は、丁寧にゆでたやわらかい卵ではなく、黄身が灰色だったり寝ぼけた色だったり、かたくなりすぎているのかと。そこで卵と肉、パイ生地の比率を調整し、肉とパイ生地にしっかりと火が通っていながらも、黄身がほどよくやわらかな状態であることを目指した。苦労の甲斐あって、切り分けた時の美しさを実現できた。

6〜8人分 (長さ24×幅13×高さ7㎝ パウンド型* 1台分)

作り方

1. 下準備をする

1. フィリングの卵は室温に戻しておく。
2. ジュレのブイヨンは人肌ぐらいに温める。

2. 生地を型に敷く

1. パウンド型にバターを塗り、クッキングシートを敷き込む。
   ※クッキングシートは型の底面の幅にあわせて長い帯状に1枚切り、両端が型からはみ出るように敷き込むとよい。はみ出た部分が持ち手となり、焼き上がったパイを型からはずす時に便利。
2. 軽く打ち粉をしたこね台にショートクラスト・ペイストリーの1/3量をのせ、厚さ5㎜かつ型の上面よりひとまわり大きな帯状にのばし、蓋用の生地とする。バットに移し、使うまで冷蔵庫に入れておく。
3. 残りの生地を厚さ5㎜の大きな長方形にのばし、パウンド型に敷き込み、型からはみ出た生地は2㎝に切り揃える。生地がかたくなるまで冷凍庫に15分ほど入れておく。

3. フィリングを作る

1. ゆで卵を作る：鍋に水(材料外、適量)を注いで沸騰させ、殻にひびが入らないように注意しながら、卵をスプーンで慎重に湯の中に沈め、6分ゆでる。卵を鍋から取り出して氷水(材料外、適量)の入ったボウルに取り、手で触れるくらいまで冷ます。殻をむいてペーパータオルに取り、冷蔵庫に入れておく。
2. セージの葉を摘み取ってみじん切りにし、残りの材料と一緒にボウルに入れ、粘り気が出るまで手でよく混ぜる。

材料

ショートクラスト・ペイストリー(p.56) … 600g
バター(室温に戻してやわらかくしたもの、型に塗る分) … 10g
溶き卵 … 卵黄1個分＋水小さじ1
打ち粉(中力粉) … 適量

❁フィリング
豚ひき肉(粗挽き) … 850g
カンバーランド・ソーセージ(ハーブ入り生ソーセージ、皮を取り除いたもの) … 200g
ベーコン(長さ2㎝の拍子切り) … 200g
卵 … 6〜8個
セージ … 50g
塩 … 小さじ1と1/2

❁ジュレ
ポークブイヨン(またはビーフブイヨン、市販品) … 250㎖
シードル(辛口) … 100㎖
セージの葉 … 3枚
板ゼラチン … 12g
塩 … 小さじ1/2

❁サイドディッシュ
ピカリリ(p.249) … 適量

*お手元になかったり、入手できない場合は、入手できる近いサイズのもので代用してください。その場合、生地やフィリングがあまるなど誤差が生じることがあります。あまったフィリングは、円形に成形後、焼いたり、衣をつけて揚げ焼きにしたりすることができます。

4. パイを作る

1 **2**-3の型を冷凍庫から取り出し、**3**のフィリングの半量を詰めてしっかり押し込み、端から端まで中央を溝状にくぼませる。

2 鋭利なナイフで**3**-1のゆで卵の上下を薄く切り落とし（黄身を切り落としてしまわないように注意）、横に倒してフィリングの溝部分に1列に並べる。残りのフィリングを詰めて卵を覆い、そっと押し込んで表面をならす。

3 型からはみ出た生地に溶き卵を薄く塗り、冷蔵庫から取り出した**2**-2の蓋用の生地をかぶせて貼りつける。縁まわりをしっかり押えて上下の生地を密着させ、波型縁飾り（p.32）を施す。上面に多めに溶き卵を塗り、冷蔵庫で15分ほど冷やして休ませる。

4 3を冷蔵庫から取り出し、上面に格子状に切り込みを入れ（生地を貫通しないように注意）、清潔にした直径2㎝のペンのキャップ（または抜型）で、生地を等間隔に4〜5か所抜き取って空気穴（焼成中に蒸気の抜け道）を作る。

※空気穴よりひとまわり大きな円形の生地を抜き、空気穴を開けた抜型で中央を抜き取って輪状のモチーフを作り、溶き卵を薄く塗り、空気穴の部分に貼りつけて飾ってもよい。

5 同じペンにアルミ箔巻いて5㎝程度の煙突を作る。ペンを取り除いたアルミ箔を空気穴に刺し込み、生地から出た部分を軽く広げる。

※焼いた時に蒸気だけではなく脂肪分の抜け道にもなり、脂肪分がフィリングの表面を覆ってしまうのを防ぐ。

6 天板にのせ、200℃に予熱したオーブン（コンベクションオーブンの場合は180℃）で1時間ほど焼く（目安はフィリングの中心温度が50℃）。

7 オーブンから取り出し、型に入れたまま30分ほど休ませる。

5. ジュレを作る

1 ボウルに板ゼラチンを入れてかぶるくらいの水（材料外、適量）を注ぎ、氷（材料外、数個）を加え、ゼラチンをふやかす。

2 小鍋にシードルを入れて沸騰させ、1/3量になるまで煮詰め、ブイヨン、セージ、塩を加える。

3 1のゼラチンの水気を絞り、2に加えて溶かし、ザルで漉す。粗熱が取れるまでおいておく。

6. パイを仕上げる

1 **5**のジュレを**4**のパイの煙突から、入らなくなるまで静かに流し込む。再び冷蔵庫に入れ、最低1時間冷やす。

※できれば、じょうごを使って流し込む。

2 パイを型から出し、パン切りナイフで厚めに切り分ける。

3 器に盛り、サイドディッシュを添える。

PRAWN THERMIDOR VOL-AU-VENTS

エビのテルミドール　ヴォロヴァン仕立て

テルミドールは私の大好きな料理の1つ。一般的には、クリームソースとチーズをかけて焼き上げられた、やわらかいロブスターの身が殻に盛りつけられた状態で提供される。しかし、皿のものはすべて食されるべきというのが私の持論なので、パイを器に見立てたヴォロヴァン仕立てにしてみた。このパイ・ケースは、料理に軽やかさを与えてくれる。ホルボーン・ダイニング・ルームでは、オマール海老を使っているが、ここでは手に入りやすいエビを使ったレシピで紹介する。

5個分

材料

ヴォロヴァン（p.95、**1**）… 5個
タラゴンの葉 … 5〜10枚

✽フィリング
クルマエビ（生、むき身、縦半分に切ったもの）… 200g
オランデーズ・ソース（p.258）… レシピ全量
グリュイエールチーズ（細かくすりおろしたもの）… 100g
タラゴン … 25g
バター … 20g
イングリッシュマスタード … 小さじ1

作り方

1. フィリングを作る

1. フライパンにバターを入れて中火で熱し、バターが泡立ってきたらエビを入れ、1分ほど炒める。エビの色が変わったら取り出し、キッチンペーパーに取って油をおさえる。
2. タラゴンの葉を摘み取ってみじん切りにし、オランデーズ・ソース、チーズ、マスタードと一緒にボウルに入れてよく混ぜ、1のエビを加えてあえる。

2. パイを作る

1. ヴォロヴァンを天板に並べ、それぞれに**1**のフィリングを縁まで入れる。
2. 210℃に予熱したオーブン（コンベクションオーブンの場合は190℃）で10分ほど焼く（目安はフィリングの中心温度が65℃以上）。
※焼くと表面がブクブクと泡だったような感じになるが、気にする必要はない。むしろおいしそうな見た目に仕上がる。
3. 器に盛り、タラゴンを1個につき1〜2枚あしらう。

HOT PORK PIE

温製ポーク・パイ

イギリスの食文化において、ポーク・パイは何世紀にもわたり不動の地位を築いてきた。なぜなら、ヒレ肉やロース肉よりも人気のない部位を活用する方法だからだ。しかし、こうした部位はきちんと下処理すればおいしい。
イギリスでポーク・パイといえば、「ガラ・パイ」のように、肉のフィリングがアスピック（ゼラチン層）に覆われた冷製タイプだが、私のおすすめはオーブンから取り出したばかりの熱々のもの。生地はよりサクサクし、フィリングは脂肪のコクと旨味があり、ジューシーでとろけるようだ。ハーブの香りもよい。

温製のポーク・パイをイングランド南西部のパブではじめて食べた時、なぜホルボーン・ダイニング・ルームでは温製を出さなかったのかと悔やまれた。ロンドンに戻ると、さっそく取り掛かったのは言うまでもない。このレシピでは、伝統的なポーク・パイ用モールドを使って生地を成形している。これは、ポーク・パイ・ドリー（Pork Pie Dolly）と呼ばれ、大きな分銅のような木製の道具で、まわりに生地を押しつけて器状に成形する。イギリスならネットで簡単に手に入るが、ジャム瓶などでも代用できる。金属製のパテ抜型を使う場合は、たっぷりバターを塗った型に生地を敷き込み、フィリングを詰め、蓋用の生地をかぶせて貼りつけ、型から慎重に取り出して焼く。しかし、できれば、伝統的な木製パイ・モールドを使ってみてほしい。ディケンズの小説の登場人物になったような気分になるはずだ。とはいえ、19世紀の格好をする必要はないので、悪しからず！

4個分（直径7.5㎝のポーク・パイ用モールド*1 4個分）

作り方

1. 生地を下準備する

1 ホット・ウォーター・クラスト・ペイストリーを150g×4個（土台の生地用）、40g×4個（蓋用の生地用）に分割し、それぞれ丸める。

2 軽く打ち粉をしたこね台に蓋用の生地をのせ、厚さ5㎜の円形にのばし、クッキングシートを敷いた天板に並べて、使うまで冷蔵庫で冷やしておく。

2. フィリングを作る

セージの葉を摘み取ってみじん切りにし、残りの材料と一緒にボウルに入れて、粘りが出るまで数分よくこねる。4等分し、それぞれ丸めておく。

3. 生地を成形する

1 **1**-1の土台の生地を冷蔵庫から取り出してこね台にのせ、手のひらで押して、パイ・モールドの底面よりひとまわり大きな円盤状にする。打ち粉をしたパイ・モールドを生地の中央にのせ、しっかり押しつける。

2 生地の縁まわりがモールドのまわりにある程度盛り上がってくるので（浮き輪をはめたような状態になる）、いったんモールドを生地からはずし、再度モールドに打ち粉をする。

3 モールドを生地についたくぼみに戻し、生地ごとモールドを両手で包み込む。生地をモールドに押しつけながら回転させて、側面の生地の高さを出していく。
※ろくろをまわすようなイメージで、生地をできるだけモールドに密着させるように締めながら回転させる。定期的にモールドをはずして打ち粉をし、生地がモールドにくっつかないようにする。

4 側面の生地の高さが7〜8㎝、底面の厚さが約5㎜になったら、モールドを生地からそっとはずす。残りも同様に成形する。

4. パイを作る

1 **3**-4の成形した土台の生地それぞれに、**2**のフィリングを詰める。上部の余分な生地を外側にそっと倒して、のりしろとする。

2 **1**-2の蓋用の生地を冷蔵庫から取り出し、1の土台の生地ののりしろに軽く水（材料外、適量）を塗り、蓋用の生地をかぶせて貼りつける。縁まわりをしっかりと押えて上下の生地を密着させ、薄くして切り揃え、蓋用の生地の上にかぶせながらひだを寄せる（p.32）。クッキングシートを敷いた天板に並べる。

3 上面の生地に金串やナイフを刺して小さな空気穴を1つ開け、表面全体に溶き卵を塗る。
※焼いた時にこの空気穴が蒸気の抜け道になる。

4 210℃に予熱したオーブン（コンベクションオーブンの場合は190℃）で35分ほど焼く（目安はフィリングの中心温度が70℃）。

5 オーブンから取り出して10分ほど休ませたら、器に盛り、サイドディッシュ2種を添える。

材料

ホット・ウォーター・クラスト・ペイストリー（p.59）… 760g
溶き卵
… 卵黄2個分＋水小さじ1*2
打ち粉（中力粉）… 適量

✿フィリング
豚肩肉 … 500g
スモークベーコン（粗く刻んだもの）
… 120g
ラード（豚の背脂、1㎝角）… 100g
フェンネルシード … 小さじ1
イエローマスタードシード
… 小さじ1
塩 … 小さじ1と1/2
セージ*3 … 30g
黒こしょう（挽きたて）… 適量

✿サイドディッシュ
完璧なマッシュポテト（p.238）、タイム香る黒ビールのオニオングレイビー（p.254）… 各適量

*1 お手元になかったり、入手できない場合は、入手できる近いサイズのもので代用してください。その場合、生地やフィリングがあまるなど誤差が生じることがあります

*2 ここでは焼き色をより出すために卵黄を多く使用しています。

*3 香りの強いハーブなので、好みにあわせて量を減らしてもOKです。

SARDINE, OLIVE & ONION TARTLETS

イワシとオリーブ＆オニオンのタルト ピサラディエール風

南仏からイタリアのリグーリア州にかけての郷土料理ピサラディエール（Pissaladière）は、じっくり炒めた玉ねぎとアンチョビ、オリーブが主役のピザ風。それを私なりにアレンジしたのがこのパイ。甘く香ばしい玉ねぎが、脂ののったイワシの味を引き立て、タイムが大地の香りを添える。

4人分

材料

ラフ・パフ・ペイストリー（p.66、または市販のパイ生地）… 300g
溶き卵 … 卵黄1個分＋水小さじ1
打ち粉（中力粉）… 適量

❀フィリング
キャラメルオニオン
　玉ねぎ（中、スライス）… 3個分
　植物油 … 20㎖
　塩 … 小さじ1/4
イワシ（3枚におろしたもの）… 500g
グリーンオリーブ（種なし、半分に切ったもの）… 120g
タイムの葉 … 3枝分
エキストラバージンオリーブオイル … 10㎖
海塩、黒こしょう（挽きたて）…各適量

作り方

1. 下準備をする

フィリングのイワシは骨が残っていたら骨を抜き、アンチョビぐらいの大きさに切る。

2. 生地を仕上げる

1 軽く打ち粉をしたこね台にラフ・パフ・ペイストリーをのせ、厚さ5㎜、30×40㎝の長方形にのばす。
※天板のサイズにあわせた大きさの長方形に整えてOK*。

2 生地をクッキングシートの上にのせ、縁まわり2.5㎝に溶き卵を塗り、フレーム縁飾り（p.32）を施す。クッキングシートごと天板にのせ、冷蔵庫で25分ほど冷やしておく。

3. キャラメルオニオンを作る

フッ素樹脂加工のフライパンを中火にかけ、植物油を入れて1分ほど熱し、玉ねぎと塩を加えて炒める。木べらで時々かき混ぜながら、飴色になるまで10～15分じっくり炒める。バットに移して冷ましておく。
※塩を加えると、玉ねぎの水分が引き出され、火通りがよくなる。

4. パイを作る

1 **2**の生地を冷蔵庫から取り出し、縁飾りの部分に残りの溶き卵を塗る。フォークで底面をまんべんなく刺して穴をあける。

2 220℃に予熱したオーブン（コンベクションオーブンの場合は200℃）で15分空焼きする。オーブンからいったん取り出し、生地にクッキングシートを敷き、重石を広げてのせる。

3 オーブンに戻してさらに10分空焼きする。オーブンから取り出し、重石とクッキングシートをはずして冷ます。

4 生地の上に**3**のキャラメルオニオンを広げる。**1**のイワシに海塩とこしょうで下味をつけ、1尾ずつきつく巻いてキャラメルオニオンの上にのせ、さらにオリーブを散らす。

5 再びオーブンに戻し、220℃のオーブン（コンベクションオーブンの場合は200℃）で8分ほどイワシに火が通るまで焼く。

6 オーブンから取り出し、慎重に大皿に移す。タイムを散らし、オリーブオイルをまわしかける。
※温かいうちにいただくのがベスト。

*このパイはサイズが大きいため、オーブンに入るよう、あらかじめレシピを半量にして作ることもできますが、著者の味を再現するには、レシピ全量で作り、生地のサイズとフィリングを半分にしてパイを2個作ることをおすすめします。調理時間は多少調整が必要になることがあります。

LEEK & WHITE PUDDING CROQUETTES

リーキ＆ホワイトプディングのクロケット

スコットランドの伝統的な朝食でおなじみの白いソーセージ、ホワイトプディング。この豊かな風味と、おろしたてのナツメグの香りが相まった、とろけるようなクロケットは食べはじめたらとまらないおいしさだ。熱すぎて食べづらいのはNGなので、私はクロケットを数分冷ましてからいただく。ハフハフと熱さと格闘することなく、ちゃんと味わって風味を楽しみたいからだ。

12個分

材料

ホワイトプディング（またはブーダン・ブラン）… 150g
ナツメグ（ホール、すりおろしたもの）… 1/4個分
植物油 … 1ℓ
塩 … 小さじ1/2
黒こしょう（挽き立て）、打ち粉（中力粉）… 各適量

❊ホワイトソース
中力粉 … 60g
バター … 70g
リーキ（スライス）… 1/2本分*
牛乳 … 500mℓ

❊衣
中力粉 … 30g
パン粉 … 100g
卵 … 2個
牛乳 … 50mℓ

*入手できない場合、長ねぎでも代用できます。その際は1本分を用意します。

作り方

1. 下準備をする

1 ホワイトプディングはフォークなどでつぶしておく。

2 衣の卵はボウルに入れて溶きほぐし、牛乳を加えて混ぜて卵液を作っておく。

3 バットを2つ用意し、1つ目に衣の中力粉、2つ目に衣のパン粉を入れ、食感を出すためにパン粉の一部を手で軽く砕いておく。

2. ホワイトソースを作る

1 鍋にバターを入れて弱火～中火にかけ、バターが溶けたらリーキを加え、しんなりするまで2分ほど炒める。中力粉を加えて、さらに6分ほど炒める。

2 別の鍋に牛乳を入れ、弱火で人肌ぐらいに温める（電子レンジを使う場合は耐熱容器に入れて600Wで1分20秒ほど）。半量を1の鍋に加え、木べらで絶えず混ぜながらなじませ、とろっとするまで熱する。絶えず混ぜながら残りの牛乳を加え、沸騰したら火を弱め、濃度がつくまで15分ほど煮る。

3. クロケットを作る

1 **2**の鍋を火からおろし、**1**-1のホワイトプディングを加えて混ぜ、ナツメグ、塩、たっぷりの黒こしょうで味を調える。

2 ラップを敷いた天板に広げ、表面もラップでぴったりと覆う。室温まで冷めたら冷蔵庫に入れ、1時間半ほど冷やす。

3 冷蔵庫から取り出し、12等分（1個約45g）にする。手粉をふって、それぞれ円柱状に成形する。

4 衣を中力粉、卵液、パン粉の順でつけ、パン粉の入ったバットに並べる。

5 厚底の鍋に植物油を入れて180℃に熱し、4をカリッとするまで揚げる。穴あきレードルで取り出し、キッチンペーパーに取って油を切る。
※鍋がぎゅうぎゅうにならないよう、必要に応じて数回に分けて揚げる。

DEVILLED KIDNEY VOL-AU-VENTS

デビルド・キドニー ヴォロヴァン仕立て

ヴォロヴァン（vol-au-vents）は、フランス語で直訳すると「風で飛ぶこと」。このパイが、風で舞うように軽く膨らんだパイであることから、この名がついた。それにしてもこれは時代遅れの料理なのか？ いやいや、このパイは器として様々なオードブルに使えるので、無限の可能性を秘めている。
私が内臓系の料理に目覚めたのはかなり遅かった。学校でかたい腎臓を出されたことがきっかけとなり、一生食べまいと思っていたが、20代で改心してからは、腎臓愛はとどまることを知らない。そこでここでは、ビクトリア時代からある朝食の定番、羊の腎臓を用いたデビルド・キドニーをヴォロヴァンに仕立てたレシピを紹介しよう。

5個分

作り方

1. パイを作る

1 軽く打ち粉をしたこね台にパフ・ペイストリーをのせ、厚さ5㎜の大きな正方形にのばす。クッキングシートを敷いた天板にのせ、冷蔵庫で15分ほど冷やして休ませる。

2 生地を冷蔵庫から取り出し、直径8㎝の抜型（菊型）で10枚抜く。そのうち5枚は中央部分を直径6㎝の抜型（丸型）で抜き取って輪状にする（ⓐ）。残りの5枚は土台の生地とし、天板に少し間隔をあけて並べ、溶き卵を薄く塗る。
※菊型の抜型がない場合、丸型で代用する。

3 ⓐの生地を土台の生地に重ねる。ⓐの生地にのみに溶き卵を塗り、フォークで土台の生地の底面のみをまんべんなく刺して穴を開ける。

4 天板にのせ、210℃に予熱したオーブン（コンベクションオーブンの場合は190℃）で、黄金色の焼き色がつくまで20分ほど焼く。

5 オーブンから取り出し、網に移して冷ます。中央の生地を鋭利なナイフで慎重に取り除き、深い穴を開ける。使うまで密封容器に入れて保存しておく。
※2で抜き取って輪状にしていても、焼くと膨らんでくるので、ケース状になるように余分な上の生地を取り除く必要がある。底や側面に穴を開けてしまわないよう注意。

2. フィリングを作る

1 腎臓はそれぞれ表面の薄皮をはがし、鋭利なナイフで縦半分に開き、白い脂肪の部分（腎盂（じんう））をキッチンバサミで切り落とす。バットに中力粉を入れ、腎臓をくぐらせて粉をまぶす。

2 大きなフライパンに植物油を入れて強火で熱し、腎臓の余分な粉を払って入れ、片面1分ずつ焼く。

3 デビルド・バター、ウスターソース、塩を加え、フライパンをゆすりながらバターを溶かし、腎臓にしっかりとからむまでさらに1分強火で火を通す。

4 イタリアンパセリの葉を摘み取り、3/4量を加えて全体を混ぜる。

3. 仕上げる

1のパイに均等にフィリングを詰め、残りのイタリアンパセリを散らして飾る。

材料

❊ヴォロヴァン
パフ・ペイストリー（p.63、または市販のパイ生地）… 450g
溶き卵 … 卵黄1個＋水小さじ1
打ち粉（中力粉）… 適量

❊フィリング
仔羊の腎臓 … 10個（約500g）
中力粉 … 15g
デビルド・バター（p.252）… 80g
イタリアンパセリ … 20g
ウスターソース … 大さじ1
植物油 … 25㎖
塩 … 小さじ1と1/2

'NDUJA STUFFED BRIOCHE

ンドゥイヤのブリオッシュ包み

ンドゥイヤは、イタリアのカラブリア産のスパイシーなペースト状サラミ。臓や肩肉、トリップ（胃袋）など様々な部位を使用し、カラブリア名産の唐辛子を混ぜ込み、熟成・燻製して作られる。クセになる味なので、何にでもあわせてみたくなる。

ンドゥイヤを温かいブリオッシュのフィリングにすると、リッチでありながらも驚くほど軽いこのパンによくなじみ、よりおいしくなる。このレシピにはブリオッシュ型が必要。できれば、フッ素樹脂加工のタイプをおすすめする。

8個分（内径7〜8㎝ ブリオッシュ型8個分）

材料

ブリオッシュ生地（p.71）… 400g
ンドゥイヤ（ペースト状ソーセージ）*1
… 160g
バター（型に塗る分）… 10g
溶き卵
… 卵黄1個分＋牛乳小さじ2*2
ブラックポピーシード … 3g
海塩、打ち粉（強力粉）… 各適量

*1 入手できない場合は右下のレシピを参考に作ってみてください。

✽ンドゥイヤ（160g分）
チョリソ（腸詰めサラミ、やわらかめのもの）… 160g
エキストラバージンオリーブオイル
… 大さじ1と1/2
スモークパプリカパウダー（またはスイートスモークパプリカパウダー）
… 大さじ2
塩 … 小さじ1/4

*2 ここではよりやさしい香りにするために牛乳を使用しています。

作り方

1. 下準備をする

1 バターは室温に戻してやわらかくし、ブリオッシュ型に軽く塗る。

2 ンドゥイヤは打ち粉をふり、手粉をした手で20gずつに分けて丸め、クッキングシートを敷いた天板に並べる。冷凍庫に入れ、1時間半ほどかたまるまで冷凍する。

2. ブリオッシュ包みを作る

1 軽く打ち粉をしたこね台にブリオッシュ生地をのせ、8等分（1個約50g）にする。それぞれ転がして丸め、手の平で軽く押して直径約8〜10㎝の円盤状にする。

2 それぞれの生地で冷凍した**1**-2のンドゥイヤを包み、あわせ目をしっかりつまんで閉じる。手のひらで転がして丸めて表面をなめらかにし、型に1つずつ入れる。

3 天板にのせ、暖かい場所で2時間ほど発酵させる。
※温度が低いと生地が発酵しないため、熱電源の近くに置く。この工程はいわゆる2次発酵にあたる。

4 生地の表面に溶き卵を薄く塗り、ポピーシードと海塩を少々ふりかける。

5 220℃に予熱したオーブン（コンベクションオーブンの場合は200℃）で焼き色がつくまで15分ほど焼いたら、200℃（コンベクションオーブンの場合は180℃）に下げて5分ほど焼いて火を通す。生地に金串を刺し、何もついてこなければOK。

6 型からはずして網の上で5分ほど休ませる。
※温かいうちにいただくのがベスト。

✽ンドゥイヤの作り方

1 チョリソは中身の肉を取り出し、幅3㎝に切る。

2 小さなフードプロセッサーにチョリソとオリーブオイルを入れ、高速で攪拌する。
※フードプロセッサーが大きすぎると3でペースト状になりにくいので注意。

3 塩とスモークパプリカを加え、ペースト状になるまで高速で攪拌する。

4 味見をし、必要であれば塩（分量外、適量）を加えて味を調える。
※ンドゥイヤはしっかり辛味と塩味がついているものなので、チョリソの種類によって味の濃さや辛さを加減する。

HAGGIS SCOTCH EGG

ハギス風味のスコッチ・エッグ

完成度の高いスコッチ・エッグは、とろっとした温かい黄身、ジューシーな肉汁、カリッとしたパン粉の三位一体。軽い食事に打ってつけであり、様々にアレンジしやすい。
このレシピは、ハギスをあわせた私のお気に入りの1つ。味はシンプルかつストレート、よい素材を丁寧に扱うことで成り立っている。ハギスは、羊の内臓を胃袋に詰めてゆでたスコットランドの伝統料理で、苦手意識のある人も多いが、そんな人こそ是非作ってみてほしい。大好物になるだろう。

4個分

材料

生ソーセージ（高品質なもの、皮を取り除いたもの）… 160g
ハギス* … 160g
卵 … 4個
ローズマリー … 2枝
植物油 … 1ℓ
海塩 … 小さじ1/2
白こしょう（挽きたて）… 少々
中力粉 … 適量

❁衣
中力粉 … 50g
パン粉 … 150g
卵 … 1個
牛乳 … 50㎖

作り方

1. 下準備をする

1 衣の卵はボウルに入れて溶きほぐし、牛乳を加えて混ぜて卵液を作っておく。
2 バットを2つ用意し、1つ目に中力粉、2つ目にパン粉を入れ、食感を出すためにパン粉の一部を手で軽く砕いておく。

2. スコッチ・エッグのタネを作る

大きなボウルにソーセージの肉とハギスを入れ、フォークでつぶす。ローズマリーの葉を摘み取ってみじん切りにし、海塩、こしょうと一緒に加えて、手で粘り気が出るまでよく混ぜる。4等分（1個約80g）にしてそれぞれ丸め、冷蔵庫で冷やしておく。

3. ゆで卵を作る （P.79、3-1）
※ただしここでは、殻をむいてペーパータオルに取ったあとはそのまま置いておく。

4. スコッチ・エッグを作る

1 **2**のタネを平らにならし、中力粉をまぶしたゆで卵をのせて均等になるように包む。
2 衣を中力粉、卵液、パン粉の順でつけ、パン粉の入ったバットに並べる。
3 厚底の鍋に植物油を入れて180℃に熱し、2を1分30秒ほど色よく揚げる。穴あきレードルで取り出し、キッチンペーパーに取って油を切る。
4 揚げたてのスコッチ・エッグを天板にのせ、200℃に予熱したオーブン（コンベクションオーブンの場合は180℃）で5分ほど加熱する。
5 オーブンから取り出し、2分ほど休ませたら、ナイフできれいに半分に切る。
※温かいうちにいただくのがベスト。

*入手できない場合は、ラムひき肉100g、レバー（鶏、豚、羊いずれもOK、臭みを抜いてみじん切りにしたもの）40g、オートミール20g、塩と黒こしょうを小さじ1/4ずつを混ぜて成形したもので代用できます。ハギスの代わりにソーセージ160gを使えば、シンプルな味わいのスコッチ・エッグになります。

VEGETABLE PIES

野菜のパイ

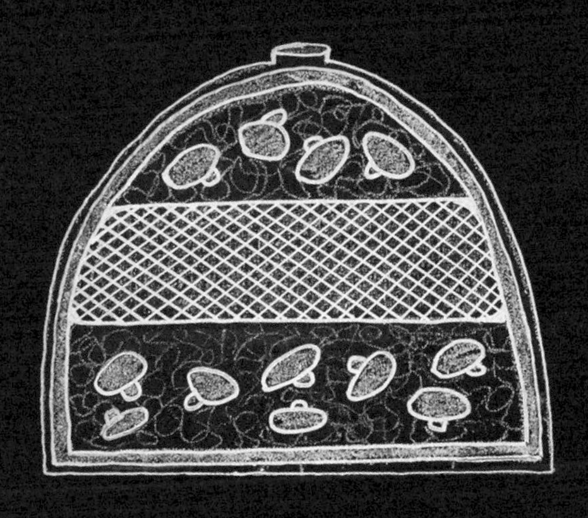

MOROCCAN CHICKPEA & FETA PIE

ひよこ豆＆フェタチーズのパイ　モロッコ風

ひよこ豆とフェタチーズに香辛料をきかせたこのパイは、本書のレシピの中で一番短時間で作ることができる。パリパリしたフィロ・ペイストリーの食感と、やわらかいフィリングとのコントラストが絶妙なうえ、食卓をドラマチックに彩るはずだ。

4人分（23㎝タジン鍋1つ分または耐熱皿1枚分）

材料

フィロ・ペイストリー（市販品）…5枚
カットトマト（水煮缶、汁気を切ったもの）… 200g
焼きパプリカのオイル漬け*1（瓶詰め、市販品）… 1個（280g）
ひよこ豆（水煮缶）… 1缶（400g）
フェタチーズ（2㎝大に切ったもの）… 150g
玉ねぎ（中、スライス）… 1と1/2個分
にんにく（スライス）… 2片分
ラスエルハヌート … 小さじ1
ハリッサ … 小さじ1
ミント、イタリアンパセリ … 各1/2束
オリーブオイル*2 … 20㎖
オリーブオイル*2（スプレータイプ）、海塩 … 各適量

作り方

1. 下準備をする

1 パプリカは油を切り、縦方向に幅1㎝に切っておく。

2 ひよこ豆はすすいでおく。

2. パイを作る

1 鍋にオリーブオイル20㎖を入れて中火にかけ、玉ねぎとにんにくを15分ほどしんなりするまで炒める。ラスエルハヌートとハリッサを加え、さらに1分ほど炒める。

2 カットトマトを加えて10分ほど煮込み、濃度がついたら**1**のパプリカとひよこ豆を加え、海塩で味を調える。火からおろし、少し冷ましておく。

3 ミントとイタリアンパセリの葉を摘み取ってみじん切りにし、チーズと一緒に加え、全体をそっと混ぜあわせたら、タジン鍋（または耐熱皿）にあける。

4 こね台の上にフィロ・ペイストリーを並べ、表面にオリーブオイル（スプレータイプ）をかけ、海塩ふたつまみをふりかける。

5 フィロ・ペイストリーをくしゃくしゃにし、3の煮込みを覆うようにのせる。
※くしゃっとさせることで食感が加わり、見た目の動きも出る。

6 天板にのせ、200℃に予熱したオーブン（コンベクションオーブンの場合は180℃）で20分ほど焼く。途中で鍋の向きを入れ替え、生地に均一の焼き色をつける。

*1 生のパプリカとオイルで漬けたパプリカは風味がさほど変わらないので、入手できない場合は、湯むきしたパプリカ（何色でもOK）280gで代用できます。

*2 オリーブオイルは、スプレータイプも普通のものも、クセが少なく軽いタイプのものを用意。

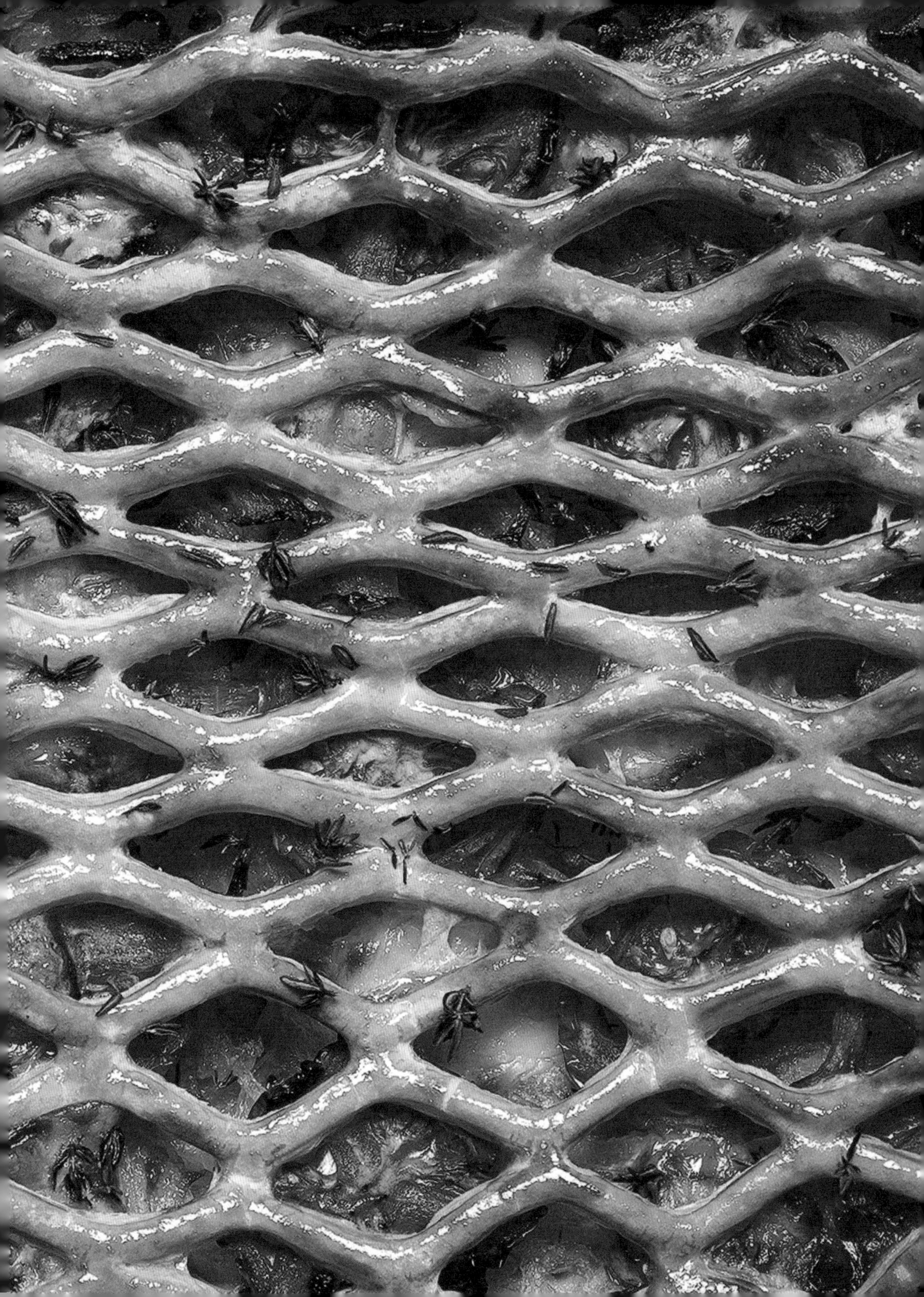

TOMATO, GOATS' CHEESE & ONION LATTICE

トマトとシェーブルチーズ＆オニオンの網目パイ

このパイは、常温でも熱々でもおいしい。シンプルなサラダと冷えた白ワインを添えれば完璧だ。

4人分

作り方

1. セミドライトマトを作る

1 トマト4個はそれぞれ3等分に輪切りにし、残りは5～6片に乱切りにする。

2 クッキングシートを敷いた天板に等間隔で並べ、170℃に予熱したオーブン（コンベクションオーブンの場合は150℃）で、半乾き状になるまで25分ほど加熱する。オーブンから取り出し、そのまま冷ましておく。

2. パイを作る

1 フライパンにオリーブオイルを入れて中火で熱し、玉ねぎとにんにくを入れ、塩の半量を加えて、しんなりとして飴色になるまで15分ほどじっくり炒める。フライパンを火からおろし、冷ましておく。

2 軽く打ち粉をしたこね台にラフ・パフ・ペイストリーをのせ、厚さ5㎝、35×40㎝の長方形にのばす。クッキングシートを敷いた天板にのせ、冷蔵庫で15分（または冷凍庫で10分）冷やして休ませる。
※天板のサイズにあわせた大きさの長方形に整えてOK*。

3 生地を冷蔵庫から取り出し、蓋用の生地として12×40㎝の帯を1枚切り出し、別の天板にのせて冷蔵庫で冷やして休ませる。

4 残りの生地（23×40㎝）は土台の生地とし、縁まわりに余白を3㎝残して、1の玉ねぎを均等に広げる。

5 ボウルに**1**のセミドライトマトを入れ、エキストラバージンオリーブオイル、残りの塩、タイムの半量を加えてあえ、玉ねぎの上に広げる。

6 チーズを小さく崩してトマトの隙間を埋めるようにのせ、生地の余白部分に薄く溶き卵を塗る。

7 3の蓋用の生地を冷蔵庫から取り出し、メッシュローラーをかけて網目模様を入れる。

8 蓋用の生地の網目を広げるようにゆっくり引っ張りながら6の上にかぶせ、土台の生地の縁と重ねて押え、フレーム縁飾りを施す（p.32）。冷蔵庫で15分ほど冷やして休ませる。

9 8を冷蔵庫から取り出し、残りの溶き卵を上面にくまなく塗り、残りのタイムを散らす。

10 200℃に予熱したオーブン（コンベクションオーブンの場合は180℃）で25～30分焼く。

材料

ラフ・パフ・ペイストリー（p.66、または市販のパイ生地）… 500g
溶き卵 … 卵黄1個分＋水小さじ1
新玉ねぎ（小、スライス）… 6個分（500g）
にんにく（スライス）… 1片分
シェーブルチーズ … 150g
タイムの葉 … 3枝分
オリーブオイル … 20㎖
エキストラバージンオリーブオイル … 20㎖
塩 … 小さじ1/2
打ち粉（中力粉）… 適量

※セミドライトマト
ミディトマト（約120g）… 8個

*このパイはサイズが大きいため、オーブンに入るよう、あらかじめレシピを半量にして作ることもできますが、著者の味を再現するには、レシピ全量で作り、生地のサイズとフィリングを半分にしてパイを2個作ることをおすすめします。調理時間は多少調整が必要になることがあります。

BEET WELLINGTON

ビーツのウェリントン風

牛肉をきのこのデュクセルなどで覆い、パイ生地で包んだビーフ・ウェリントンは、英国を代表する料理。私はかねがね、ホルボーン・ダイニング・ルームで提供している逸品に匹敵するような、ベジタリアン版ウェリントンを作りたいと思っていた。その願いを形にしたのがこのレシピ。
仕込みに2日かかる本家に対して、こちらの野菜バージョンはいただく当日に作るのがベスト。時間が経つとかぼちゃにビーツの色が染み出し、切り分けた時の美しい色のコントラストが失われてしまう。かぼちゃには、北アフリカで親しまれているスパイス類を加え、味に深みを持たせた。

6人分

材料

ラフ・パフ・ペイストリー（p.66、または市販のパイ生地）… 500g
溶き卵 … 卵黄3個分＋水小さじ3
デュカ … 大さじ1
海塩 … ひとつまみ
打ち粉（中力粉）… 適量

✿フィリング
ビーツ（大）… 5個
シナモンスティック … 1本
クミンシード … 小さじ2
塩 … 適量
かぼちゃのペースト
- バターナッツかぼちゃ*[1]（大、3㎝角）… 1個分
- にんにく（皮ごとつぶしたもの）… 2片分
- オリーブオイル … 30㎖
- イタリアンパセリ… 12g
- ハリッサ … 小さじ1
- ラスエルハヌート … 小さじ1
- 海塩、黒こしょう（挽きたて）… 各適量

✿ミント風味のヨーグルトソース
ギリシャヨーグルト（汁気を切ったもの）… 250g
ミント … 20g
レモン汁 … 適宜

*1 入手できない場合は、かぼちゃで代用できますが、かたすぎる際は**2**-③で水（材料外、適量）を加えて調整してください。

作り方

1. 下準備をする

① フィリングのビーツは茎と根もとを少し残して切り落とし、皮つきのまま、大鍋に水（材料外、適量）、たっぷりの塩（目安は海水の濃度）、シナモンスティック、クミンシードと一緒に入れ、強火にかける。沸騰したら、弱火にして2〜3時間ゆでる。金串が中心部にすっと入るようであればOK。

② 穴あきレードルでビーツを鍋から取り出し、冷めたら皮をこすって取り除く。

③ ビーツの根もとを生地の上に安定して置けるように、少し切り落とす。ビーツの両側は、ビーツを並べた時にビーツどうしの間に隙間ができないように整える。

2. かぼちゃのペーストを作る

① ローストパンにかぼちゃとにんにくを入れ、オリーブオイルをまわしかけ、海塩をふりかける。

② 天板にのせ、220℃に予熱したオーブン（コンベクションオーブンの場合は200℃）で20分ほどローストする。途中で1度、全体に焼き色が均一につくように、木べらでかき混ぜる。
※かぼちゃで代用する場合、様子を見ながら焼き時間を増やすなど調整する。

③ オーブンから取り出し、にんにくの皮を取り除き、フードプロセッサーに移す。イタリアンパセリの葉を摘み取って粗みじん切りにし、ハリッサ、ラスエルハヌートと一緒に加え、粗いペースト状になるまで中速で攪拌したら、海塩とこしょうで味を調え、そのまま冷ましておく。

3. ヨーグルトソースを作る

ミントの葉を摘み取って粗みじん切りにし、ヨーグルトと一緒に小さなボウルに入れて混ぜる。好みでレモン汁を加えて混ぜる。

4. パイを作る

1 軽く打ち粉をしたこね台にラフ・パフ・ペイストリーをのせ、30×40㎝の長方形にのばす。クッキングシートを敷いた天板にのせ、冷蔵庫で15分ほど冷やして休ませる。
※天板のサイズにあわせた大きさの長方形に整えてOK[*2]。

2 生地を冷蔵庫から取り出し、表面の余分な粉を払い落とし、表面に溶き卵をたっぷり塗る。

3 生地を横長に置き、かぼちゃのペーストの1/3量を、縁まわりに余白を2㎝残して手前の1/3に塗り広げる。

4 3のかぼちゃのペーストの中央に、**1**のビーツを根もと側の切り口を上にして横並びに、ビーツどうしの間に隙間ができないようにきっちりと並べていく。

5 残りのかぼちゃのペーストをビーツの上に均等に広げて覆う。

6 手前から生地ごと円筒状に巻き込み、巻きおわりはのりしろを3㎝残して切り落とす。
※生地の切れ端はあとでデコレーションに使うので取っておく。

7 生地の両端を丁寧に押して薄くし、余分な生地を切り落としたらパイ本体の下に折り込む。

8 生地の表面に好みのデコレーションを施し（p.33）、溶き卵を全体に塗る。天板にのせ、冷蔵庫で30分ほど冷やして休ませる。
※ここでは、大小の葉型の抜型でモチーフを抜いて貼りつけ、それぞれ中心から放射状に切り込みを入れている。

9 8を冷蔵庫から取り出し、再び溶き卵を塗り、デュカと海塩をふりかける。

10 200℃に予熱したオーブン（コンベクションオーブンの場合は180℃）で、黄金色の焼き色がつくまで45分ほど焼く。

11 オーブンから取り出し、木製のまな板の上に慎重にすべり込ませるようにしてのせる。

12 パン切りナイフで厚めに切り分け、器に盛り、ヨーグルトソースを添える。

[*2] このパイはサイズが大きいため、オーブンに入るよう、あらかじめレシピを半量にして作ることもできますが、著者の味を再現するには、レシピ全量で作り、生地のサイズとフィリングを半分にしてパイを2個作ることをおすすめします。調理時間は多少調整が必要になることがあります。

CHEESY DAUPHINOISE & CARAMELISED ONION PIE

グラタン・ドフィノワ＆キャラメルオニオンのパイ

このパイは、もともとはザ・パイ・ルームでテイクアウト用に販売していたベジタリアン仕様だったが、バージョンアップして、ホルボーン・ダイニング・ルームで提供するようになった。
フランス南東部ドフィネ地方の郷土料理である、とろけるチーズとクリーミーなじゃがいものグラタン・ドフィノワ、そしてキャラメルオニオン、香り豊かなハーブのフィリングを、エレガントなパイ生地で包んでいる。

8～10人分（直径25㎝の深型の耐熱皿1枚分）

材料

ショートクラスト・ペイストリー（p.56）…700g
溶き卵…卵黄2個分＋水小さじ2
打ち粉（中力粉）…適量

❀フィリング

グラタン・ドフィノワ
- じゃがいも（キタアカリまたは男爵、スライス）…1.5kg
- ダブルクリーム（生クリーム48%）…500㎖
- 低脂肪牛乳…500㎖
- ローズマリーの葉（みじん切り）…6枝分
- タイム（小）…7g
- にんにく（小、みじん切り）…3片分
- 塩…20g

キャラメルオニオン
- 玉ねぎ（大、スライス）…3個分
- バター（食塩不使用）…10g
- 植物油…20㎖
- 塩…ひとつまみ

チェダーチーズ（エクストラ・マチュア*、すりおろしたもの）…200g

作り方

1. グラタンを作る

1. タイムの葉を摘み取り、ダブルクリーム、牛乳、ローズマリー、にんにく、塩と一緒に底広の鍋に入れ、弱火でゆっくり温める。
2. じゃがいもを加えて火を強め、液面が軽くゆらめく程度の火加減で、3～4分煮る。スパチュラで絶えずじゃがいもを動かし、鍋底にくっつかないようにする。
3. 鍋の中身をザルにあげ、じゃがいもの水気を切る。
※煮汁は捨てずに取っておく。

2. キャラメルオニオンを作る

フライパンに植物油とバターを入れて弱～中火で熱し、バターが溶けたら玉ねぎと塩を加え、しっかり飴色になるまで15分ほど炒める。

3. フィリングを作る

1. クッキングシートを敷いた耐熱皿に、**1**のグラタンの1/3量を敷き詰め、チーズの半量を散らし、**1**-③で取っておいた煮汁1/3量を注ぐ。その上にさらにグラタンの1/3量を重ね、表面に**2**のキャラメルオニオンを広げて、残りのチーズを散らす。
2. 表面に残りのグラタンを敷き詰め、煮汁1/3量をまわしかける。
3. クッキングシートで表面を覆って天板にのせ、200℃に予熱したオーブン（コンベクションオーブンの場合は180℃）で35分ほど焼く。
4. オーブンから取り出してクッキングシートをはずし、残りの煮汁をまわしかける。
5. オーブンの温度を190℃（コンベクションオーブンの場合は170℃）に下げ、じゃがいもがやわらかくなるまでさらに20分ほど加熱する。
※焼き上がりはかなり汁気が残った状態になるが気にせずに！
6. オーブンから取り出し、網に移して冷ます。完全に冷めたら冷蔵庫に入れ、最低1時間冷やす。

*長期熟成で風味の強いタイプ。

4. 生地を成形する

1 ショートクラスト・ペイストリーを2等分にする。1つは冷蔵庫に戻し、1つは軽く打ち粉をしたこね台にのせて厚さ5㎜の円形にのばす。

2 生地を直径35㎝の円形に切り、土台の生地とする。クッキングシートを敷いた天板にのせ、冷蔵庫で10分ほど冷やして休ませる。

5. パイを作る

1 **4**-2の土台の生地を冷蔵庫から取り出し、上に**3**のフィリングをひっくり返してのせる。

2 軽く打ち粉をしたこね台に**4**-1で冷蔵庫に戻しておいた生地をのせ、厚さ5㎜で、1のフィリングを十分に覆える円形にのばし、蓋用の生地とする。

3 蓋用の生地をフィリングの上にかぶせ、空気が入らないようにフィリングのまわりをしっかり押えていき、土台の生地と貼りあわせる。縁まわりの余分な生地を切り揃える。

※生地の切れ端はあとでデコレーションに使うので取っておく。

4 生地の表面に好みのデコレーションを施し（p.33）、溶き卵を全体に塗る。冷蔵庫で30分ほど冷やして休ませる。

※ここでは、大小の葉型の抜型でモチーフを抜いて貼りつけ、それぞれ中心から放射状に切り込みを入れた。側面には、三つ編みにした生地を貼りつけて飾った。

5 冷蔵庫から取り出し、200℃に予熱したオーブン（コンベクションオーブンの場合は180℃）で、黄金色の焼き色がつくまで45分ほど焼く。

※温かいうちにいただくのがベスト。

CURRIED CAULIFLOWER & POTATO PASTIES

カレー風味のカリフラワー＆じゃがいものパスティ

半円形の具入りパイであるパスティは、イングランド南西端のコーンウォール地方が発祥。冷製でも温製でもおいしく、ピクニックにもうってつけだ。もっとも、私のピクニックのお供になることはめったにない。オーブンから取り出したばかりの熱々をいただくのが好みだからだ。口の中をよくやけどしているのは、このパイのせいでもある！ マンゴーチャツネをあわせれば、完璧な味わいになる。

4個分

材料

ホット・ウォーター・クラスト・ペイストリー（p.59）… 800g
溶き卵 … 卵黄1個分＋水小さじ1
マンゴーチャツネ、打ち粉（中力粉）、海塩 … 各適量

❀フィリング
ミディトマト（約120g、乱切り）… 2個分
カリフラワー（小房に分けたもの）… 1株分
玉ねぎ（小、スライス）… 1個分
じゃがいも（男爵、1㎝角）… 500g
ライム … 1/2個
にんにく（みじん切り）… 1片分
しょうが（みじん切り）… 30g
青唐辛子（小口切り）… 2本分
ブラックマスタードシード* … 小さじ1
ターメリックパウダー … 小さじ1
ガラムマサラパウダー … 小さじ1
水 … 100㎖
植物油 … 大さじ2
塩、こしょう … 各適量

*クミンシードとマスタードシードで代用できます。

作り方

1. フィリングを作る

1 大きなフライパンに植物油大さじ1を入れて中火にかけ、ブラックマスタードシードを香りが立つまで30秒ほど炒める。玉ねぎと塩ひとつまみを加え、軽く色づくまで10〜15分炒める。

2 じゃがいも、にんにく、しょうが、青唐辛子、ターメリックパウダー、ガラムマサラパウダーを加え、さらに5分ほど炒める。

3 トマトと水を加え、じゃがいもに火が通って煮汁に濃度がつくまで15分ほど煮る。

4 カリフラワーに残りの植物油をすり込み、ローストパンに広げる。天板にのせ、240℃に予熱したオーブン（コンベクションオーブンの場合は220℃）で、やわらかくなり色づくまで15分ほどローストする。
※かなり高温になるので、焦げないように気をつける。焦げそうな場合、アルミ箔をかけて焼く。

5 4のカリフラワーを3に加えて混ぜ、ライムを絞り、塩とこしょうで味を調え、冷ましておく。

2. パイを作る

1 ホット・ウォーター・クラスト・ペイストリーを4等分にする。軽く打ち粉をしたこね台にのせ、それぞれ厚さ1㎝の円形にのばす。

2 生地の半分に**1**のフィリングをのせ、包むように半分に折る。生地の縁に溶き卵を塗り、端を押えて縁飾りを施す（p.32）。残りの生地も同様にする。

3 クッキングシートを敷いた天板に並べ、表面に溶き卵を塗り、海塩をふりかける。

4 220℃のオーブン（コンベクションオーブンの場合は200℃）で、黄金色の焼き色がつくまで25分ほど焼く。

5 器に盛り、マンゴーチャツネを添える。
※冷めないうちにいただくのがベスト。

RED ONION, CARROT & HAZELNUT TATIN

ヘーゼルナッツ風味の赤玉ねぎ＆にんじんのタルト・タタン

タラゴンがにんじんと玉ねぎの味わいを高め、バルサミコがほのかな酸味で程よい甘さに締める。この風味のバランスが絶妙なタルトは、ランチにもディナーにもおすすめだが、大勢が集うパーティーでは、ベジタリアン向けのサイドディッシュとして重宝する。
焼き上がったあと、ひっくり返して型からはずす際は気をつけよう。オーブンから出したばかりでは、フライパンの持ち手が非常に熱くなっている。必ず耐熱の鍋つかみなどを使うように。

2～3人分

材料

ラフ・パフ・ペイストリー（p.66、または市販のパイ生地）… 150g
タラゴンの葉、打ち粉（中力粉）… 各適量

✿フィリング
赤玉ねぎ（中）… 3個
にんじん（3㎝大の乱切り）… 4本分
ヘーゼルナッツ（ホール、ロースト、無塩）… 30g
バター … 15g
グラニュー糖 … 15g
バルサミコビネガー … 小さじ2
植物油 … 大さじ2
塩 … 小さじ1/2

作り方

1. 下準備をする

フィリングの玉ねぎは皮をむき、根もとの芯をつけたまま4つ切りにする。

2. フィリングを作る

1 大きなローストパンに、にんじんと**1**の玉ねぎを入れ、植物油と塩をかけてよく混ぜ、底面いっぱいに広げる。

2 天板にのせ、230℃に予熱したオーブン（コンベクションオーブンの場合は210℃）で、軽く色づくまで30分ほどローストする。
※小さなオーブンだと内部がかなり熱くなる。あらかじめアルミ箔をかけておくと、焦げるのを防げる。

3 ヘーゼルナッツを加え、さらに5分ほどローストする。

4 オーブン対応の厚手のフライパンにバター、砂糖、ビネガーを入れて中火にかけ、砂糖が溶けたら沸騰させ、とろみがつくまで煮る（目安はスプーンの背をすべてつけて垂れてこないぐらいの濃度）。
※フライパンはオーブン対応の厚手で取っ手の取りはずせる24㎝ぐらいのものがおすすめ。同じサイズのパイ皿や耐熱皿で代用可能。代用する際は、ここでの作業をフライパンでおえたあと、パイ皿などに移し、以下の作業を同様に行う。

5 3を加えてよく混ぜあわせ、10分ほど冷ましておく。

3. タルトを作る

1 軽く打ち粉をしたこね台にラフ・パフ・ペイストリーをのせ、厚さ1㎝、フライパンを覆うサイズの円形にのばす。

2 **2**のフィリングを少し中央に寄せ、フライパンの縁まわりに2㎝ほどの余白を作り、のばした生地をかぶせる。生地の端をフライパンの縁まわりに軽く押し込み、フォークで生地の表面をまんべんなく刺して穴を開ける。

3 230℃のオーブン（コンベクションオーブンの場合は210℃）で20分ほど、生地がふくらみ、黄金色の焼き色がつくまで焼く。

4 オーブンから取り出し、大きな平皿をかぶせて素早く裏返し、タラゴンを散らす。
※取っ手が非常に熱くなっているので、オーブンから取り出す際には、必ず耐熱性の高い鍋つかみやミトンを使うこと。温かいうちにいただくのがベスト。

MAC 'N' CHEESE PIE

マッケンチーズ・パイ

マカロニにチーズをからめたグラタン料理は、イギリス家庭料理の代表格。ここではマカロニ&チーズ、略してマッケンチーズをパイに仕立てた。生地からとろけ出るようなマッケンチーズ……、このパイを切り分ける瞬間は、魔法のようだ。その魔法をかけてくれるのは、グリュイエールチーズ！

6～8人分（直径24㎝底取れ式ケーキ型*[1] 1台分）

材料

ショートクラスト・ペイストリー（p.56）…700g
バター（室温に戻してやわらかくしたもの、型に塗る分）…10g
溶き卵…卵黄1個分＋水小さじ1
打ち粉（中力粉）…適量

✽フィリング
マカロニ…400g
中力粉…45g
牛乳（人肌ぐらいに温めたもの）…850㎖
ドライトマトのオイル漬け（オイルを切ったもの、粗みじん切り）…100g
チェダーチーズ（エクストラ・マチュア*[2]、すりおろしたもの）…100g
グリュイエールチーズ（すりおろしたもの）…80g
バター…60g
タイム…10g
塩…小さじ1
黒こしょう（挽きたて）…適量

*[1] ご使用の型によっては生地やフィリングがあまるなど誤差が生じることがあります。

*[2] 長期熟成で風味の強いタイプ。

作り方

1. 生地を下準備する

1 軽く打ち粉をしたこね台にショートクラスト・ペイストリーの1/3量をのせ、厚さ5㎜の円形にのばす。クッキングシートを敷いた天板の上に移し、使うまで冷蔵庫で冷やしておく。

2 残りの生地は厚さ5㎜の円形にのばし、バターを塗った型に敷き込む。生地を型の底面と側面にしっかり押えて密着させ、型からはみ出た生地は3㎝に切り揃える（のりしろとする）。冷蔵庫で30分（または冷凍庫で15分）冷やして休ませる。
※生地の切れ端は、あとでデコレーションに使うので取っておく。

2. フィリングを作る

1 鍋に塩（分量外、適量）を加えたたっぷりの湯でマカロニをやわらかくなるまでゆでる。ザルにあげて湯を切り、流水にあてて火が入るのをとめる。

2 別の鍋にバターを入れて中火にかけ、バターが溶けたら火を少し弱め、中力粉を加えて、木べらで絶えずかき混ぜながら、8分ほど炒める。
※色づけないように注意。

3 牛乳の1/3量を加えてホイッパーでよく混ぜ、とろみがついたら、残りの牛乳を2回に分けて加え、その都度、ダマにならないようにホイッパーでよく混ぜながら、濃度がつくまで煮る。

4 タイムの葉を摘み取り、ドライトマト、チーズ2種、塩、たっぷりのこしょうと一緒に加える。

5 鍋を火からおろして木べらでかき混ぜ、チーズが溶けたら1のマカロニを加えてよく混ぜる。

6 耐熱皿に広げ、ラップをかぶせて室温まで冷ます。

3. パイを作る

1 **1**-2の型を冷蔵庫から取り出し、**2**のフィリングを広げる。

2 **1**-1の生地を冷蔵庫から取り出し、1の型よりひとまわり大きくなるように切る。

3 1の型からはみ出た3㎝ののりしろに溶き卵を塗り、2の生地を慎重にかぶせて蓋をする。

4 縁まわりの上下の生地をしっかりと押えて密着させ、波型縁飾りを施す（p.32）。さらに好みのデコレーションを施す（p.33）。表面全体に軽く溶き卵を塗る。

5 天板にのせ、210℃に予熱したオーブン（コンベクションオーブンの場合は190℃）で、黄金色の焼き色がつくまで45分ほど焼く（目安はフィリングの中心温度が70℃以上）。
※チーズがぐつぐつ糸引く状態で熱々をいただくのがベスト。

FISH & SHELLFISH PIES

シーフードのパイ

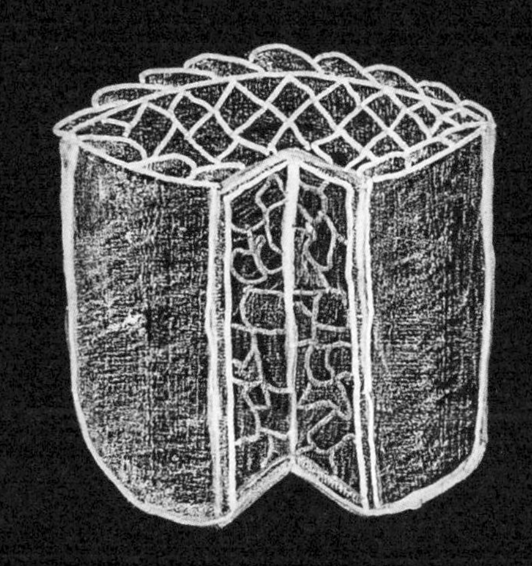

SMOKED HADDOCK & SWEETCORN CHOWDER POT PIES

スモーク・ハドックのコーンチャウダー　ポットパイ仕立て

サクッとしたパイ生地の蓋を崩すと、燻製タラのスモーク・ハドックの食欲をそそる香りが漂う。コーンのやさしい甘さとスモーキーな魚の風味が、見事にマッチした逸品だ。

4個分（直径10cmラムカン*1 4個分）

作り方

1. コーンチャウダーを作る

1 小鍋にブイヨンを入れ、じゃがいもを加えて煮崩れない程度にやわらくなるまで弱火で煮る。じゃがいもをザルにあげて水気を切る
※煮汁はあとで使うのでボウルに移して取っておく。

2 別の鍋にバターを入れて弱～中火にかけ、玉ねぎを8分ほど炒める。しんなりしたら、穴開きレードルで取り出して油を切り、ボウルに移す。

3 2のバターが残った鍋に、中力粉とスパイス2種を加えて弱火で熱し、絶えず木べらでかき混ぜながら8分ほどしっかり炒める。

4 牛乳の1/3量を注いでホイッパーでよく混ぜ、とろみがついたら、残りの牛乳を2回に分けて加え、その都度、ダマにならないようにホイッパーでよく混ぜながら、濃度がつくまで煮る。

5 1で取っておいた煮汁を加えて中火からやや強火にし、なめらかになるまでホイッパーでかき混ぜながら、沸騰させる。

6 ダブルクリームを加え、イタリアンパセリの葉を摘み取って粗みじん切りにして1のじゃがいも、2の玉ねぎ、ハドック、スイートコーンと一緒に加え、塩で味を調える。

7 ラムカンに等分に注ぎ、室温まで冷めてから冷蔵庫に入れてしっかり冷やしておく。

2. パイを作る

1 軽く打ち粉をしたこね台にラフ・パフ・ペイストリーをのせ、厚さ5㎜にのばす。ラムカンの口径より5㎝大きな円形を4枚切り出し、蓋用の生地とする。生地をバットに並べ、冷蔵庫で30分ほど冷やして休ませる。
※生地の切れ端はあとでデコレーションに使うので取っておく。

2 **1**のコーンチャウダーの入ったラムカンを天板にのせ、溶き卵をそれぞれのラムカンの縁まわりと側面（縁から2.5㎝下のところまで）に塗る。

3 それぞれのラムカンに冷蔵庫から取り出した1の蓋用の生地をかぶせ、生地の縁をラムカンの側面にしっかりと押しつけて密閉する。生地の表面に溶き卵を塗り、好みのデコレーションを施す（p.33）。

4 210℃に予熱したオーブン（コンベクションオーブンの場合は190℃）で、生地がふくらんで黄金色の焼き色がつくまで25分ほど焼く（目安は、チャウダーの中心温度が80℃以上。）
※あればハード系パンのスライスを添える。温かいうちにいただくのがベスト。

材料

ラフ・パフ・ペイストリー（p.66、または市販のパイ生地）… 400g
溶き卵 … 卵黄1個分＋水小さじ1
打ち粉（中力粉）… 適量

✿コーンチャウダー
スモーク・ハドック（または生ダラ*2、皮なし、1.5㎝大に切ったもの）… 250g
じゃがいも（キタアカリまたは男爵、1.5㎝角）… 250g
玉ねぎ（中、あられ切り）… 1個分
中力粉 … 15g
魚のブイヨン（フュメ・ド・ポワソン、市販品）*3 … 500㎖
バター … 40g
牛乳 … 300㎖
ダブルクリーム（生クリーム48%）… 20㎖
スイートコーン（缶詰、水気を切ったもの）… 250g
イタリアンパセリ … 40g
カイエンペッパー、メースパウダー … 各ひとつまみ
塩 … 小さじ1/2

*1&3 ラムカンは直径10㎝の1人用耐熱スープボウルで、魚のブイヨンはコンソメや野菜ブイヨンで代用できます。

*2 生ダラを使う場合は、**1**-6で必ず味見をして塩（分量外、適量）で味を調えます。

THE ULTIMATE FISH PIE

極上フィッシュ・パイ

完璧なフィッシュ・パイとは何かを教えてくれたのは、私のかつてのシェフ、トニー・フレミングだ。曰く、「耐熱皿の側面にソースがグツグツたぎり落ち、表面にこんがり焼き色がついていなければ、よいフィッシュ・パイとは言えない」。フィッシュ・パイはきれいに切り分けて食べるものではない。トニーは正しかった。つまり、フォルムが整っている必要はないのだ。あくまでも家庭的で素朴、崩れているからこそ、食卓に運ばれた時に目を奪い、味覚を刺激する。

6人分（長さ28×幅16×高さ5.5㎝ ラザニア皿*1 1枚分）

材料

❀フィリング

タラの切り身（皮なし、2.5㎝大に切ったもの）… 300g
鮭の切り身（皮なし、2.5㎝大に切ったもの）… 200g
スモーク・ハドック（または生ダラ*、皮なし、2.5㎝大に切ったもの）… 200g
バナメイエビ（生、むき身）… 150g
グリーンピース（冷凍、解凍したもの）… 300g
ケッパー（酢漬け、水気を切ったもの）、チャイブ、イタリアンパセリ … 各30g
中力粉 … 60g
牛乳 … 500㎖
ダブルクリーム（生クリーム48%）… 300㎖
バター … 60g
チェダーチーズ（すりおろしたもの）… 50g
ディジョンマスタード … 大さじ1
塩 … 小さじ3/4

❀マッシュポテト

じゃがいも（キタアカリまたは男爵、4つ切り）… 1.2kg
卵黄（溶きほぐしたもの）… 2個分
牛乳 … 200㎖
ダブルクリーム（生クリーム48%）… 100㎖
バター … 60g
塩 … 小さじ3/4

*1 お手元になかったり、入手できない場合は、入手できる近いサイズのもので代用してください。その場合、生地やフィリングがあまるなど誤差が生じることがあります。

*2 生ダラを使う場合は、**2**-④で必ず味見をして塩（分量外、適量）で味を調えます。

作り方

1. マッシュポテトを作る

① 鍋にじゃがいもとかぶるくらいの水（材料外、適量）を入れ、塩（分量外、適量）を加えて強火にかける。沸騰したら火を弱め、じゃがいもがかなりやわらかくなるまでゆでる。ざるにあげて水気をしっかり切る。

② 鍋にじゃがいもを戻し入れ、牛乳、ダブルクリーム、バターを加えてつぶし、なめらかなピュレ状にする。卵黄と塩を加え、よく混ぜあわせる。

2. フィリングを作る

① 鍋に牛乳とダブルクリームを入れ、液面が軽くゆらめく程度の火加減で、魚3種とエビを2分ゆでる。魚とエビの水気を切る。
※ゆで汁はあとで使うのでボウルに移して取っておく。

② ①の鍋をふいてきれいにし、バターを入れて中火にかける。バターが泡立ってきたら中力粉を加えてホイッパーで混ぜ、弱火にして絶えずかき混ぜながら8分ほどしっかり加熱する。

③ ①で取っておいたゆで汁の半量を加え、ダマができないようにホイッパーでよく混ぜる。沸いてきたら、残りのゆで汁を加え、濃度がついてなめらかになるまで煮る。

④ イタリアンパセリの葉を摘み取る。イタリアンパセリの葉とチャイブをみじん切りにし、グリーンピース、ケッパー、マスタードと一緒に加え、塩で味を調えてよく混ぜる。

⑤ ①の魚とエビを加え、身を崩さないように注意しながら軽く混ぜる。

3. パイを作る

① 耐熱皿に**2**のフィリングを広げ、表面を平らにならす。その上に**1**のマッシュポテトを隅々まで行き渡るように広げ、表面にフォークで縞模様を入れる。チーズを均等にふりかける。

② 天板にのせ、200℃に予熱したオーブン（コンベクションオーブンの場合は180℃）で30分ほど焼く。
※皿の縁からソースがグツグツたぎり、表面のじゃがいものピュレがカリッとして黄金色の焼き色がつけばOK。

SALMON & MINTED PEA FILO PARCELS

サーモン＆ミント風味のグリーンピースのフィロ包み サモサ風

手軽なディナーにぴったりのメニューで、家族みんなで包むと楽しい。バター風味のサクサクしたフィロ・ペイストリーの中で、ミント風味のグリーンピースとサーモンの味わいがハーモニーを奏でる。サモサが焼き上がる10分前になったら、たとえば軽くオリーブオイルと塩をかけた房つきのミニトマトを天板に加えれば、同時につけあわせもできる。

4人分

材料

フィロ・ペイストリー（20×30㎝[*1]、市販品）…4枚
サーモン（フィレ、皮なし）…2枚（1枚250g）[*2]
溶かしバター…20g
打ち粉（薄力粉）…適量

✿ミント風味のグリーンピースのピュレ
グリーンピース（冷凍、解凍したもの）…500g
溶かしバター…30g
ミント…30g
塩…小さじ1/2

作り方

1. グリーンピースのピュレを作る

1 鍋に塩（分量外、適量）を加えた水（材料外、適量）を強火にかけ、沸騰したらグリーンピースを入れ、再沸騰してから2分ゆでる。ザルにあげて水気を切る。

2 1の半量と溶かしバターをフードプロセッサーの中速で粗いピュレ状にし、ボウルに移す。

3 残りのグリーンピースは氷水（材料外、適量）の入ったボウルに取って冷やし、水気をよく切る。

4 ミントの葉を摘み取って粗みじん切りにし、3のグリンピース、塩と一緒に2に加えて混ぜ、冷ましておく。

2. フィロ包みを作る

1 サーモンのフィレはそれぞれ対角線状にナイフを入れ、直角三角形2枚ずつに切り分ける。

2 軽く打ち粉をしたこね台の上にフィロ・ペイストリーを縦長に置き、溶かしバターを軽く塗る。手前1/3にサーモンを1枚のせる（直角が左側に、鋭角が右側にくるようにする）。

3 生地の両側を、「サーモンの底辺の長さ＋1㎝」になるように切り落とす。

4 1のサーモンの上にそれぞれ**1**のピュレを大さじ2ずつ広げる。
※ピュレが残った場合は冷蔵（2日保存可能）し、後日温めなおしてフィッシュ＆チップスなどの揚げものや、魚または肉のメイン料理のつけあわせにするとよい。

5 生地の下に手を入れ、サーモンを包むように対角線上に右に折り、次に真上に包み折り、次に対角線上に左に包み折る作業を繰り返し、三角形のサモサ型に巻いていく。バットに並べ、残りも同様に包む。

6 刷毛で溶かしバターを塗る。

7 天板にのせ、210℃に予熱したオーブン（コンベクションオーブンの場合は190℃）で、生地がカリッとして黄金色の焼き色がつくまで20分ほど焼く。
※焼きたてをいただくのがベスト。

[*1&2] フィロ・ペイストリーもサーモンも入手できるサイズにあわせて、それぞれサイズを調整してOKです。その際は、調理時間も適宜調整してください。

SMOKED EEL, POTATO & PARSLEY QUICHE

パセリ香るウナギの燻製＆じゃがいものキッシュ

このキッシュの主役であるウナギは、私にとってイギリスらしさを象徴するもので、ウナギ料理といえばロンドンのレストラン「セント・ジョン (St. John)」と「クオ・バディス (Quo Vadis)」が思い出される。私はウナギの燻製がたまらなく好きで、そのおいしさは言葉では言い表せない。
ウナギの燻製には、強すぎるものをあわせるのはNGだ。シンプルなものを添えることで、ウナギの味わいが引き立ち、見栄えもする。

6～8人分（直径24㎝底取れ式 キッシュ型*1 1台分）

材料

ショートクラスト・ペイストリー（p.56）…400g
熟成チェダーチーズ（細かくすりおろしたもの）…80g
バター（室温に戻してやわらかくしたもの、型に塗る分）…5g
打ち粉（中力粉）…適量
ホースラディッシュソース（市販品）…適宜

❀フィリング

新じゃがいも…250g
燻製ウナギ（骨抜き、皮なし、1㎝角）…350g
イタリアンパセリ…50g

❀アパレイユ

卵（溶きほぐしたもの）…5個分
牛乳、ダブルクリーム（生クリーム48%）…各250㎖
塩…小さじ1/2
黒こしょう（挽きたて）…適量

作り方

1. フィリングを作る

① じゃがいもは、小鍋にじゃかいもがかぶるくらいの水（材料外、適量）と一緒に入れ、塩（材料外、少量）を加え、強火で沸騰させてゆでる。やわらかくなったら水気を切って冷まし、皮をむいて4つ切りにしておく。
② イタリアンパセリの葉を摘み取って粗みじん切りにし、**1**のじゃがいも、うなぎと一緒にボウルに入れて混ぜる。

2. キッシュ生地を作る

① 軽く打ち粉をしたこね台にショートクラスト・ペイストリーをのせ、厚さ1㎝の大きな円形にのばす。クッキングシートを敷いたバットにのせ、冷蔵庫で30分（冷凍庫なら15分）ほど冷やして休ませる。
② キッシュ型にバターを塗り、冷蔵庫から取り出した①の生地を敷き込む。型の側面と角にしっかりと押しつけて型と生地を密着させ、フォークで底面をまんべんなく刺して穴を開ける。冷蔵庫で20分ほど冷やして休ませる。
③ 型を冷蔵庫から取り出し、型からはみ出た余分な生地を切り落とし、生地にクッキングシートを敷いて重石をのせる。
④ 天板にのせ、210℃に予熱したオーブン（コンベクションオーブンの場合は190℃）で15分ほど空焼きする。重石とクッキングシートをはずし、さらに20分ほど空焼きする。
※ひびが入っている場合は、溶き卵（材料外、卵黄1個分*2）を塗って埋め、オーブンに戻して1分ほど加熱して溶き卵を塗った部分をかためる。

3. アパレイユを作る

大きなボウルに卵、牛乳、ダブルクリームを加えてホイッパーでよく混ぜあわせる。塩とたっぷりのこしょうを加える。

4. キッシュを作る

① **1**のフィリングを**3**のアパレイユに加えて混ぜる。
② **2**をオーブンから取り出し、①を再びよく混ぜてから、フィリングが均等に広がるように流し込む。
③ 210℃のオーブン（コンベクションオーブンの場合は190℃）で15分ほど焼く。チーズを表面に広げ、チーズに黄金色の焼き色がつくまでさらに15分ほど焼く。
※2度焼いたあとのアパレイユは、かたまっているが、揺らすとわずかに揺れる程度になる。
④ オーブンから取り出し、型に入れたまま10分ほど冷まして粗熱を取る。型からはずす。
⑤ 切り分けて器に盛り、好みでホースラディッシュソースを添える。

*1 ご使用の型によっては生地やフィリングがあまるなど誤差が生じることがあります。

*2 先に焼いておくキッシュ生地がひび割れた時に使うため、水は不要です。

HOT & SOUR CURRIED COD PIE

カレー風味のタラのホット＆サワーパイ

パイの上の薄皮を破ると、食卓にカレーの香りが広がる。タマリンドが手に入らない場合は、ライム半個分の絞り汁を使ってもよい。このパイだけで1食分のボリュームがあるので、私はライスを添えずに提供するが、ライス抜きのカレーはカレーにあらずと思う人は、好みのままに。

2〜3人分（22㎝グラタン皿1枚分）

作り方

1. フィリングを作る

1 タラに塩をして15分ほどおき、水でよく洗ってからキッチンペーパーに取って水気をおさえ、冷蔵庫に入れておく。

2 大きなフライパンに植物油を入れて中火で1分熱し、マスタードシードを30秒ほど炒めて香りが立ったら、玉ねぎと塩を加え、玉ねぎがしんなりして軽く色づくまで10分ほど炒める。

3 にんにくと青唐辛子を加えて1分炒め、カレーパウダー、クミンパウダー、ターメリックパウダーを加えてさらに5分炒める。

4 トマトとタマリンドペーストを加えて10分炒め、パクチーを加えてひと混ぜし、冷ます。

5 1のタラを加えて混ぜ、耐熱皿に広げる。

2. パイを作る

1 軽く打ち粉をしたこね台にラフ・パフ・ペイストリーをのせ、厚さ1㎝の円形にのばす。

2 **1**-5の耐熱皿の縁まわりの側面に溶き卵を薄く塗り、のばした生地をかぶせ、生地の縁を型の側面にしっかり押しつける。小型のナイフを使い、生地の縁まわりを型の縁から2㎝のところで切り揃える。

3 残りの溶き卵を生地の表面全体に塗り、フェンネルシードとごまを散らし、海塩を少量ふりかけ、冷蔵庫で20分冷やして休ませる。

4 3を冷蔵庫から取り出して天板にのせ、220℃に予熱したオーブン（コンベクションオーブンの場合は200℃）で、黄金色の焼き色がつくまで25分ほど焼く。

5 つけあわせのブロッコリーにバターをからめ、アーモンドを散らし、パイと共に供する。

材料

ラフ・パフ・ペイストリー（p.66、または市販のパイ生地）… 300g
溶き卵 … 卵黄1個分+水小さじ1
フェンネルシード、黒ごま … 各ひとつまみ
打ち粉（中力粉）、海塩 … 各適量

✿フィリング

タラの切り身（皮なし、骨ぬきずみ、2㎝大に切ったもの）… 400g
玉ねぎ（大、スライス）… 1個分
ミディトマト（約120g、乱切り）… 8個分
にんにく（みじん切り）… 1片分
青唐辛子（小口切り）… 2本分
パクチー（茎ごと、みじん切り）… 20g
植物油 … 大さじ1
タマリンドペースト … 大さじ2
ブラックマスタードシード*、カレーパウダー、クミンパウダー …各小さじ1
ターメリックパウダー … 小さじ1/2
塩 … ひとつまみ
海塩 … 適量

✿つけあわせ

ブロッコリー（蒸したもの）、アーモンドスライス（ロースト）、バター … 各適量

*マスタードシードで代用できます。

BAKED SCALLOPS WITH GREEN LENTILS, PANCETTA & RED WINE

ホタテ貝のパイ包み レンズ豆とパンチェッタの赤ワイン煮込み仕立て

ホタテを殻つきのままパイ生地に包んで焼くと、貝汁の香りが生地に移り、ホタテも高く香ってふっくらとする。このパイは、前菜にもメインディッシュにもなる。前菜としてなら1人1個、メインディッシュとしてなら1人2〜3個を目安とし、バターたっぷりのマッシュポテトを添えて供すのがおすすめだ。ホタテの主役感を際立たせたいのなら、皿にマッシュポテトをスプーンですくってのせ、ホタテの貝殻をのせるとよい。古典的な料理なので、かつて流行したスモークジャケットをまとい、片眼鏡モノクルをかけて、このパイを食べるとよいかもしれない！

6個分

材料

ホタテ貝（中／下側の殻がついたもの*）…6個
ラフ・パフ・ペイストリー（p.66、または市販のパイ生地）…400g
溶き卵…卵黄1個分＋水小さじ1
打ち粉（中力粉）、海塩…各適量

✿レンズ豆とパンチェッタの赤ワイン煮込み
緑レンズ豆（乾燥）…150g
パンチェッタ（拍子切り）…150g
オリーブオイル（マイルドタイプ）…大さじ2
バナナエシャロット（またはエシャロット、あられ切り）…45g
にんじん（1cm角）…1本分
にんにく（みじん切り）…1片分
カットトマト（水煮缶）…1缶（400g）
ビーフブイヨン（市販品）…500mℓ
赤ワイン…150mℓ
ローズマリー…10g
タイム…5g
塩…ひとつまみ
海塩…適量

*上下の殻つきで入手した場合は、下準備を参考に処理してください。

作り方

1. 下準備をする

1 赤ワイン煮込みのレンズ豆はボウルにかぶるくらいの水（材料外、適量）と一緒に入れ、1時間ほど浸けて戻す。豆が十分に戻ったら水気を切り、ぬるま湯ですすいでおく。

2 ホタテはナイフを使って殻から貝柱を取りはずす：ナイフを殻と貝柱の隙間に差し込み、ナイフを小刻みに動かしながら、貝柱に傷をつけないように丁寧に離していく。黒い部分（ウロ）は取り除くが、オレンジ色の部分（卵巣）があれば美味なので取り除かずにおく。はずした貝柱をさっと水で洗い、キッチンペーパーに取って水気をおさえる。
※ホタテの殻が上下ついている場合は、次のようにしてはずす。
ⓐ 殻に深みのある方を下にしてまな板にのせ、殻の間にナイフを差し込む。
ⓑ 下側の殻に沿って小刻みにナイフを滑らすように動かし、貝の真ん中あたりにある貝柱と貝殻のつながっている部分を切り離し、貝柱が離れたら上側の殻をはずす。

2. パイ包み生地を作る

1 軽く打ち粉をしたこね台にラフ・パフ・ペイストリーをのせ、厚さ1cmの長方形にのばす。

2 のばした生地の上にホタテの殻をのせ、殻より3割ほど大きな円形を6枚切り出す。切った生地は天板に並べ、冷蔵庫で冷やしておく。
※あまった生地は別の機会に使う。

3. 赤ワイン煮込みを作る

1 鍋にオリーブオイル大さじ1を入れて中火にかけ、エシャロット、にんじん、塩を加え、野菜がやわらかくなるまで5分ほど炒める。にんにくを加えてさらに1分ほど炒める。

2 カットトマトを缶汁ごと加えて10分ほど煮たら、ブイヨンとワインを加えて沸騰させる。

3 **1**-1のレンズ豆を加えて全体をかき混ぜ、火を弱めてゆっくり煮込む。

4 フライパンに残りのオリーブオイルを入れて中火にかけ、パンチェッタを焼き色がつくまで2〜3分炒める。ザルにあげて油を切り、3の鍋に加えてさらに煮込む。海塩で味を調える。
※煮汁が煮詰まってとろっとしはじめ、レンズ豆がやわらかくなればOK。レンズ豆にまだ歯ごたえがあるようであれば、水（材料外、少量）を足してもう少し煮込む。

5 ローズマリーとタイムの葉を摘み取り、ローズマリーの葉はみじん切りにする。これらのハーブを加えて全体をひと混ぜし、浅型のボウルに移して冷ましておく。

4. パイ包みを作る

1 **1**のホタテの殻を裏返し、表面の水分をしっかりふき取ってから、溶き卵を薄く塗る。貝殻を表向きに戻し、**3**の赤ワイン煮込みを大さじ山盛り1杯ずつ入れ、その上にホタテの貝柱をのせる。

2 貝柱の高さと同じになるまで、さらに**3**の赤ワイン煮込みで貝柱のまわりを埋め、貝柱の上に海塩を少量かける。

3 冷蔵庫から取り出した**2**-2の生地をかぶせて包み、生地の端は殻の裏面にしっかり押して貼りつける。生地の表面に溶き卵を塗る。

4 布きんをくしゃっとさせて天板にのせ、上に生地をかぶせたホタテを並べ、冷蔵庫で20分ほど冷やして休ませる。

5 4を冷蔵庫から取り出し、本物のホタテの貝殻をイメージしながら生地の表面に放射状の切り込みをナイフで浅く入れる。

6 220℃に予熱したオーブン（コンベクションオーブンの場合は200℃）で20分ほど焼き、5分ほど冷ましてから供する。

MEAT & POULTRY PIES

肉のパイ

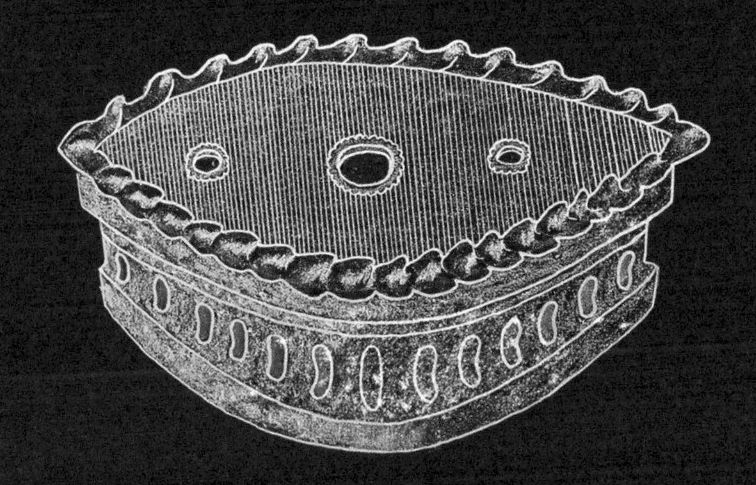

CHICKEN, MUSHROOM & TARRAGON PIE

タラゴン風味のチキン＆マッシュルームのパイ

このパイは、ザ・パイ・ルームの料理人たちにとって特別な思い入れがある。ホルボーン通りに面した窓、通称「パイ・ホール」からテイクアウトで販売した最初のパイだからだ。今でも一番売れている。やみつきになるパイだが、家庭でも簡単に作れる。

6人分（長さ24×高さ8㎝ オーバル形パテ・アン・クルート型* 1台分）

材料

ショートクラスト・ペイストリー（p.56）…700g
バター（室温に戻してやわらかくしたもの、型に塗る分）…5g
溶き卵…卵黄1個分＋水小さじ1
打ち粉（中力粉）…適量

✽フィリング
鶏もも肉（皮なし、骨なし）…800g
ホワイトマッシュルーム（キッチンペーパーで表面を軽くふき取り、半分に切ったもの）…400g
タラゴン…25g
チキンブイヨン（市販品）…1ℓ
シードル（辛口）…300㎖
中力粉…30g
ダブルクリーム（生クリーム48%）…60㎖
バター…40g
イングリッシュマスタード…大さじ1
塩…小さじ1

*お手元になかったり、入手できない場合は、入手できる近いサイズのもの、もしくは長さ24×幅8×高さ6cmパウンド型で代用してください。いずれも、生地やフィリングがあまるなど誤差が生じることがあります。

作り方

1. 下準備をする

1 フィリングの鶏肉は鍋に入れ、ブイヨンとシードルを注ぎ、塩を加えて中火にかけ、沸いてきたらそのまま15分ほど煮る。マッシュルームを加えて、さらに5分ほど煮込む。途中、液面にアクと脂肪が浮いてくるので、スプーンですくい取る。

2 ザルにあけ、煮汁を別の鍋に漉し入れる。鶏肉は粗熱が取れてから、7〜8枚にスライスする。

3 2の煮汁の入った鍋を中火にかけて沸かし、半量になるまで煮詰める。途中、液面にアクと脂肪が浮いてきたら、スプーンですくい取る。

2. 生地を型に敷く

1 軽く打ち粉をしたこね台にショートクラスト・ペイストリーをのせ、厚さ5㎜の大きな長方形にのばす。

2 生地を横長に置き、対角線上に斜めに切り、20×50㎝の帯状の生地を1本切り出し、両端は直角になるように切り揃える。大きなクッキングシートの上にのせ（広げた状態で収まらなければ、折りたたんでのせる）、使うまで冷蔵庫で冷やして休ませる。

3 パテ・アン・クルート型の留め具をはずし、パーツごとに分ける。残りの生地（三角形の生地2枚）から、底面にあわせて楕円形2枚を切り出す。
※生地の切れ端はあとでデコレーションに使うので取っておく。

4 型を再び組み立て、留め具をはめて型を固定する。型の内側にバターを塗る。冷蔵庫から2の帯状生地を取り出し、両端を重ねて輪っか状にし、型の側面に沿わせるように慎重に型に入れ、生地の下辺2㎝は型の底面に折り込んで平らにならす。生地を型の側面の溝に押しつけながら、型と生地を密着させていく。

5 型の上部からはみ出した部分の生地に、左右の型のつぎ目のところで切り込みを入れ、生地をゆるませる。

6 側面の生地は重なり部分が2㎝になるよう、余分な生地をハサミで切り落とし、重なった2枚の生地をしっかりと押して密着させる。

7 3の楕円形の生地のうち1枚は、縁まわりを1㎝ほど切り落とし、型の底面に敷き込む。底面に折り返した側面の生地の下端と貼りつけながら、型の底面にしっかり押えて密着させる。

8 生地を敷いた型、もう1枚の楕円形の生地（蓋用の生地）、生地の切り落としを、冷蔵庫で30分ほど冷やして休ませる。
※生地の切れ端はあとでデコレーションに使うので取っておく。

3. フィリングを作る

1 別の鍋にバターと中力粉を入れて中火にかける。バターが泡立ちはじめたら弱火にし、よくかき混ぜながら粉っぽさがなくなるまで6分熱する。

2 **1**-3の煮詰めた煮汁をレードル1杯ずつ加え、その都度、ダマにならないように木べらでよくかき混ぜながら、とろみがつくまで煮る。

3 濃度がついたらダブルクリームとマスタード加えて沸かし、さらに4分煮る。必要であれば、塩（分量外、適量）で味を調える。

4 **1**-2の鶏肉とマッシュルームを加えて混ぜ、ローストパンに広げて室温まで素早く冷ます。さらに冷蔵庫に入れて10分ほど冷やして休ませる。

5 4を冷蔵庫から取り出す。タラゴンの葉を摘み取ってみじん切りにして加えて混ぜる。

4. パイを作る

1 冷蔵庫から取り出した**2**-8の生地を敷いた型に、**3**のフィリングを広げて表面を平らにならす。蓋用の生地をかぶせて蓋をする。

2 土台の生地の型からはみ出た部分と蓋用の生地を貼りつけ、縁飾りを施して（p.32）まわりをぐるりと閉じる。

3 溶き卵を蓋用の生地に薄く塗り、縁飾りの部分にも塗る。再び冷蔵庫に入れ、溶き卵が乾くまで20分ほど冷やす。

4 冷蔵庫から取り出し、蓋用の生地の中央に直径2㎝の空気穴を開ける（p.81、**4**-4）。好みのデコレーションを施し（p.33）、表面全体に溶き卵を薄く塗る。冷蔵庫に戻し、溶き卵が乾いて生地が締まるまで20分冷やす。

5 4を冷蔵庫から取り出して天板にのせ、210℃に予熱したオーブン（コンベクションオーブンの場合は190℃）で、黄金色の焼き色がつくまで45分ほど焼く。途中で型の前後を入れ替え、均等に焼き色をつける。
※シンプルに蒸しただけのブロッコリーを添えてもおいしい。

左：ターキー＆クランベリーのパイ（p.152）
右：アプリコット＆セージ風味のポーク・パイ（p.155）

TURKEY, STUFFING & CRANBERRY PIE

ターキー＆クランベリーのパイ

イギリスのクリスマスに欠かせないこのパイは、年間を通しても、おもてなし料理として活躍する。いただく前日の夜に作っておけば、冷蔵庫で冷やして休ませる時間がたっぷりあるので、当日はお義母さんと一緒にくつろげる（いや、くつろげない？）はずだ。

6〜8人分（長さ24×幅13×高さ7㎝パウンド型*1台分）

材料

ショートクラスト・ペイストリー（p.56）…800g
バター（室温に戻してやわらかくしたもの、型に塗る分）…5g
溶き卵…卵黄1個分＋水小さじ1
打ち粉（中力粉）、クランベリーソース（市販品）…各適量

✽フィリング
ターキーブレスト（七面鳥のむね肉、3㎝角）…600g
ターキーミンチ（七面鳥のひき肉）…500g
白玉ねぎ（みじん切り）…200g
にんにく（みじん切り）…1片分
ドライクランベリー（できれば二酸化硫黄不使用のもの）…100g
セージ…20g
パン粉…100g
バター…100g
塩…30g

*お手元になかったり、入手できない場合は、こちらを参考に入手できる近いサイズのもので代用してください。その場合、生地やフィリングがあまるなど誤差が生じることがあります。あまったフィリングは、円形に成形後、焼いたり、衣をつけて揚げ焼きにしたりすることができます。

作り方

1. 生地を型に敷く

① パウンド型にバターを塗り、型の底面の幅にあわせて帯状に切ったクッキングシートを、端がはみ出るように型に敷く。
② 軽く打ち粉をしたこね台にショートクラスト・ペイストリーの1/3量をのせ、厚さ5㎜、型の上面を十分に覆う長さの帯状にのばし、蓋用の生地とする。バットにのせ、使うまで冷蔵庫に入れておく。
③ 残りの生地は厚さ5㎜の大きな長方形にのばし、土台の生地とする。**1**-①の型に敷き込んだら冷凍庫に入れ、生地がかたくなるまで15分ほど冷やしておく。
※生地の切れ端は、あとでデコレーションに使う。

2. フィリングを作る

① フライパンにバターを溶かし、玉ねぎとにんにくを入れ、玉ねぎがしんなりするまで炒める。セージの葉を摘み取り、みじん切りにしてパン粉と一緒に加えて混ぜ、冷ましておく。
② 大きなボウルにターキーブレスト、ターキーミンチ、クランベリー、塩を入れ、よく混ぜあわせる。
③ ①を小さく崩し、②に加えてまんべんなく混ぜあわせる。

3. パイを作る

① **1**-③の型を冷凍庫から取り出し、**2**のフィリングを広げて表面をならす。型からはみ出た生地（のりしろ）に溶き卵を薄く塗り、**1**-②の蓋用の生地をかぶせ、表面に溶き卵を薄く塗る。
② 土台の生地の型からはみ出た部分（のりしろ）が、折れるくらいやわらかくなったら、上下の生地をしっかり貼りあわせる。重ねた生地を薄くし、蓋用の生地に最低3㎝重なるように余分な生地を切り落とし、縁飾りを施して（p.32）、縁まわりをぐるりと閉じる。
※ここでの縁飾りは、生地を巻き込んでフォークで線をつけた程度にとどめている。
③ 再び上面の生地に溶き卵を薄く塗り、縁飾りの部分にも塗る。好みのデコレーションを施し（p.33）、蓋用の生地に直径2㎝の空気穴を3つ開ける（p.81、**4**-④）。冷蔵庫で20分ほど冷やして休ませる。
④ ③を冷蔵庫から取り出して天板にのせ、200℃に予熱したオーブン（コンベクションオーブンの場合は180℃）で、黄金色の焼き色がつくまで1時間ほど焼く。途中で型の向きを入れ替えて均等に火を通す（目安はフィリングの中心温度が50℃以上）。
⑤ オーブンから取り出し、型に入れたまま冷まし、粗熱が取れたら冷蔵庫に入れて一晩冷やして休ませる。
⑥ 型から出し、パン切りナイフで厚めに切り分け、クランベリーソースを添える。
※クランベリーソースは、写真のように、切り分けたあとパイの隙間に埋め込んでもよい。

PORK, APRICOT & SAGE PICNIC PIE

アプリコット＆セージ風味のポーク・パイ

夏のピクニックにうってつけのパイ。アプリコットの甘くシャープな風味がポークの味わいを引き立て、セージの香りが全体の風味を包んでまろやかにする。

6〜8人分（長さ24×幅13×高さ7㎝ パウンド型[*1] 1台分）

作り方

［前日］1. 下準備をする

フィリングのセージは葉と茎に分け、葉はみじん切りにする。茎はジュレ用に取っておく。

2. 生地を型に敷く

1 パウンド型にバターを塗り、型の底面の幅にあわせて帯状に切ったクッキングシートを、端がはみ出るように型に敷く。

2 軽く打ち粉をしたこね台にショートクラスト・ペイストリーの1/3量をのせ、厚さ5㎜、型の上面を十分に覆う長さの帯状にのばし、蓋用の生地とする。バットにのせ、使うまで冷蔵庫に入れておく。

3 残りの生地は厚さ5㎜厚さの大きな長方形にのばし、土台の生地とする。1の型に敷き込んだら冷凍庫に入れ、生地がかたくなるまで15分ほど冷やしておく。
※生地の切れ端は、あとでデコレーションに使う。

3. フィリングを作る

1 豚肩肉をフードプロセッサーの中速で細かいミンチ状にし、大きなボウルに移す。

2 **1**のセージの葉を残りの材料と一緒に加え、手で少し粘り気が出てくるまでよく混ぜる。

4. パイを作る

1 **2**-3の型を冷凍庫から取り出し、**3**のフィリングを広げて表面をならす。型からはみ出た生地（のりしろ）に溶き卵を薄く塗り、**2**-2の蓋用の生地をかぶせる。

2 縁まわりの上下の生地をしっかりと貼りあわせ、縁飾りを施す（p.32）。

3 蓋用の生地に直径2㎝の空気穴を3つ開ける（p.81、**4**-4）。蓋用の生地と縁飾りの部分に溶き卵を薄く塗る。生地の切れ端を使い、好みのデコレーションを施す（p.33）。

4 5㎝程度の煙突を作り、空気穴に刺し込み、生地から出た部分を軽く広げる（p.81、**4**-5）。

5 再び溶き卵を薄く塗り、冷蔵庫で20分ほど冷やして休ませる。

6 5を冷蔵庫から取り出して天板にのせ、200℃に予熱したオーブン（コンベクションオーブンの場合は180℃）で、黄金色の焼き色がつくまで1時間ほど焼く。途中で型の向きを入れ替えて均等に火を通す（目安は、フィリングの中心温度が65℃以上）。

7 オーブンから取り出し、型に入れたまま一晩冷ます。
※室温がさほど高くない場合は室温で置いておき、高い場合は冷蔵庫に入れる。

［当日］5. ジュレを作る

1 ボウルに板ゼラチンを入れてかぶるくらいの水（材料外、適量）を注ぎ、5分ほど浸してふやかす。

2 鍋にシードルを入れて火にかけ、半量になるまで煮詰める。ブイヨンとセージの茎を加え、火からおろす。

3 1のゼラチンの水気を絞って2に加え、ホイッパーでかき混ぜて完全に溶かす。

4 ザルで漉してなめらかにし、セージの茎は取り出す。粗熱が取れるまでおいておく。

6. パイを仕上げる

1 **5**のジュレを**4**のパイの煙突から、入らなくなるまで静かに流し込む。再び冷蔵庫に入れ、最低1時間冷やす。 ※できれば、じょうごを使って流し込む。

2 パイを型から出し、パン切りナイフで厚めに切り分け、クランベリーソースを添える。

材料

ショートクラスト・ペイストリー（p.56）…800g
バター（室温に戻してやわらかくしたもの、型に塗る分）…5g
溶き卵…卵黄1個分＋水小さじ1
打ち粉（中力粉）、クランベリーソース（市販品）…各適量

❀フィリング
豚肩肉（皮なし）…1kg
スモークベーコン（粗みじん切り）…450g
ドライアプリコット（できれば二酸化硫黄不使用のもの、粗みじん切り）…100g
セージ…1/4束[*2]
イエローマスタードシード…5g
バター（室温に戻してやわらかくしたもの）…10g
塩…小さじ1
白こしょう…たっぷりひとつまみ

❀ジュレ
チキンブイヨン（市販品）…300㎖
シードル（辛口）…100㎖
板ゼラチン…12g

*1 お手元になかったり、入手できない場合は、入手できる近いサイズのもので代用してください。その場合、生地やフィリングがあまるなど誤差が生じることがあります。あまったフィリングは、円形に成形後、焼いたり、衣をつけて揚げたりできます。

*2 茎はジュレに使います。

BEEF CHEEK & KIDNEY SUET PUDDING

牛ほほ＆キドニーのスエット・プディング

スエットは腎臓（キドニー）のまわりを覆っている 白い脂肪。それを使ったこのプディングは、あらゆる意味でユニークな英国の古典料理だ。通常とは異なり、蒸し焼きで仕上げるため、生地はしっとりしている。風味豊かなシチューを包んで、英国料理の真髄を体現しているといえるだろう。
スエット・ペイストリーはフィリングが冷めてから仕込み、型に塗るバターは作る直前まで冷凍庫で冷やしておくこと。

4人分（1.5 ℓプディングボウル*1台分）

材料

スエット・ペイストリー（p.70）
…500g
バター（室温に戻してやわらかくしたもの、型に塗る分）…10g

✿フィリング
牛マメ（牛の腎臓、ケンネ脂を取ったもの）…200g
牛ほほ肉（4㎝角）…500g
玉ねぎ（中、スライス）…1個分
タイム、ローズマリー…各10g
ローリエ…1枚
黒ビール…220㎖
ビーフブイヨン（市販品）…200㎖
中力粉…20g
植物油…30㎖
ウスターソース…小さじ1
塩、黒こしょう（挽きたて）
…各適量

✿サイドディッシュ
赤キャベツの蒸し煮（p.232）
…適量

*お手元になかったり、入手できない場合は、入手できる近いサイズのもの、もしくは同じ容量の耐熱ボウルで代用してください。いずれも、生地やフィリングがあまるなど誤差が生じることがあります。

作り方

1. フィリングを作る

1 キッチンバサミで牛マメを半分に切り開き、内部の白い脂肪（腎盂（じんう））を取り除き、それぞれ4つに切る。

2 ボウルに 1 の牛マメ、牛ほほ肉、中力粉、塩小さじ1を入れ、粉っぽさがなくなるまでよく混ぜる。

3 蓋つきの大きな鍋に植物油を入れて中火にかけ、油が揺らめいてきたら、2 の1/3量を入れ、木べらで転がしながらしっかり焼き色をつける。穴あきレードルで肉をバットに移す。残りの肉も1/3量ずつ同様に焼く。
※肉の量が多いので、3回に分けてしっかり焼く。焼き汁はそのままにしておく。

4 3 の鍋に玉ねぎを入れて弱火にかけ、木べらで混ぜながら軽く茶色に色づくまで10分ほど熱する。

5 ビール、ブイヨン、ウスターソースを注ぎ、鍋底をこそげながらよく混ぜる。

6 3 の肉を鍋に戻す。ローズマリーとタイムの葉を摘み取り、みじん切りにする。これらとローリエを一緒に加え、沸いてきたら鍋に蓋をして1時間煮込む。途中10～15分おきにかき混ぜる。1時間経ったら蓋をはずし、さらに1時間煮込む。

7 こしょうをミルでたっぷり挽き、塩で味を調える。室温になるまで冷ましておく。

2. スエット・プディングを作る

1 こね台にスエット・ペイストリーの3/4量をのせ、厚さ5㎜の大きな円形にのばし、バターを塗ったプディングボウルに敷き込む。プディングボウルの縁からはみ出た生地は、2.5㎝に切り揃える。

2 **1**のフィリングを型の縁から2㎝下のところまで詰める。

3 残りの生地をプディングボウルの口径よりも少し大きな円形にのばし、蓋用の生地とする。

4 蓋用の生地を 2 の型の上にかぶせ、縁まわりに軽く水（材料外、適量）を塗る。型からはみ出た生地を蓋用の生地の上に折り返し、軽く押えて上下の生地をくっつける。

5 プディングボウルの口径の2倍の大きさの円形にクッキングシートを2枚、アルミ箔を1枚切る。アルミ箔の上にクッキングシート2枚を重ね、一番上のクッキングシートにバターを塗る。3枚重ねた状態で、中央を2㎝山折りにしてから倒してひだを作り、クッキングシートの面を下にしてボウルの上にかぶせる（アルミ箔の面が外側にくる）。

6 調理用糸をボウルの縁まわりに巻いて縛り、クッキングシートとアルミ箔の蓋をしっかりと固定する。縛った糸の一方から糸を上部に渡し、反対側で結んで持ち手とする。
※持ち上げた時に糸が切れてしまわないよう、しっかり結んで固定する。

7 蓋つきの鍋（プディングボウルを入れた時に、まわりに少しスペースができるくらいの大きさ）に、水（材料外、プディングボウルを入れた時に3/4がつかる程度）を注いで強火にかけ、沸騰したらプディングボウルを静かに入れる。
※クッキングシートとアルミ箔の蓋が湯と触れていないか確認し、触れていたら湯量を減らす。

8 鍋に蓋をし、火を弱めて2時間ほどゆっくり蒸す。
※温度が下がると膨らみがしぼんでしまう場合があるので、最初の30分は鍋の蓋を決してはずさずにおく。30分すぎたら定期的に鍋の湯量を確認し、必要であれば熱湯（材料外、適量）を注ぎ足す。この時、アルミ箔とクッキングシートの蓋に湯がかからないように注意する。

9 プディングボウルを鍋から取り出し、慎重にクッキングシートとアルミ箔の蓋を取り除く。湿らせた布きんの上にプディングボウルを置き、大きな深皿を逆さにして上にかぶせる。片手で皿の底をしっかりと押え、もう片方の手で湿らせた布きんごとボウルを押えながら素早くひっくり返し、プディングを皿の上に取り出す。

10 器に盛り、サイドディッシュを添える。
※すぐにいただくのがベスト。

FULL ENGLISH PIE

フル・イングリッシュ・ブレックファストのパイ仕立て

英国が誇るブレックファストを閉じ込めたこのパイは、のんびりした日曜日の朝にふさわしいごちそう料理。前日の夜に仕込み、家族より少し早く起きてオーブンに入れれば、パイの香りに誘われて家族が起きてくることだろう。コーヒーを淹れて、新聞を広げ、ブラウンソースを用意しておけば、パイ仕立てのフル・イングリッシュ・ブレックファストの完成だ。

6〜8人分（長さ24×幅13×高さ7㎝ パウンド型* 1台分）

材料

ショートクラスト・ペイストリー（p.56）… 800g
バター（室温に戻してやわらかくしたもの、型に塗る分）… 10g
溶き卵 … 卵黄1個分＋水小さじ1
打ち粉（中力粉）… 10g

✿フィリング

カンバーランド・ソーセージ（ハーブ入り生ソーセージ、皮を取り除いたもの）… 800g
ブラッドソーセージ（ブーダン・ノワール、1㎝角）… 120g
ベーコン（薄切りタイプ、1㎝幅の拍子切り）… 150g
ブラウンマッシュルーム（キッチンペーパーで表面を軽くふき取り、4つ切りにしたもの）… 200g
ドライトマトのオイル漬け（オイルを切ったもの、粗みじん切り）… 60g
卵 … 6個
植物油 … 大さじ1
塩 … 10g
黒こしょう（挽きたて）… 適量

*お手元になかったり、入手できない場合は、入手できる近いサイズのもので代用してください。その場合、生地やフィリングがあまるなど誤差が生じることがあります。あまったフィリングは、円形に成形後、焼いたり、衣をつけて揚げたりできます。

作り方

1. 生地を成形する

1. 軽く打ち粉をしたこね台にショートクラスト・ペイストリー600gをのせ、厚さ5㎜の大きな長方形にのばす。クッキングシートを敷いた天板にのせ、冷蔵庫で30分ほど（冷凍庫なら15分）冷やして休ませる。
2. 残りの生地は厚さ5㎜の長方形にのばし、クッキングシートをかぶせて冷蔵庫に入れておく。

2. 生地を型に敷く

1. パウンド型にバターを薄く塗る。クッキングシートを型の底面と同じ幅に1枚細長く切り、型の底面と短辺の側面を覆うように敷き込み、両端は縁にたらす。
2. **1**-①の大きな長方形の生地を冷蔵庫から取り出し、打ち粉をしたこね台にのせる。生地の中央に型をのせ、生地を切る。
3. 型に生地を慎重に敷き込んでいく：型の側面に生地を押しつけ、つなぎ目をしっかりとあわせる。型の縁からはみ出した生地は2㎝残して切り落とし、冷蔵庫に入れて30分冷やして休ませる。

3. フィリングを作る

1. ゆで卵を作る（P.79、**3**-①）。
2. 大きなフライパンに植物油を入れて強火で1分熱し、マッシュルームを3〜4分炒める。色づいたらバットに移して塩（分量外、ひとつまみ）をふり、冷ましておく。
3. ボウルに②のマッシュルーム、ソーセージの肉、ブラッドソーセージ、ベーコン、ドライトマトを入れ、こしょうをミルでたっぷり挽き、塩で下味をつけ、手で粘り気が出るまでよく混ぜる。
4. できあがったフィリングを2等分にする。

4. パイを作る

1 **2**-3の型を冷蔵庫から取り出し、**3**のフィリングの半量を詰めて表面をならす。端から端まで中央を溝状にくぼませる。

2 鋭利なナイフで**3**-1のゆで卵の上下を薄く切り落とし（黄身を切り落としてしまわないように注意）、フィリングの溝部分に横にして1列に並べる。残りのフィリングを詰めて卵を覆い、そっと押し込みながら隅々まで行き渡らせ、表面をならす。

3 **1**-2の生地を冷蔵庫から取り出し、小さなひし形の抜型で格子状に抜き、蓋用の生地とする。

4 型からはみ出した生地に水（材料外、適量）を少量塗り、蓋用の生地をかぶせる。縁まわりの上下の生地をしっかり押えて貼りあわせ、縁飾りを施し（p.32）、表面に溶き卵を塗る。

5 蓋用の生地の中央（格子状の線どうしの中央部の隙間）に金串を刺し、小さな空気穴を2～3個開ける。冷蔵庫で20分冷やして休ませる。

6 再び、生地の表面に溶き卵を薄く塗る。

7 天板にのせ、220℃に予熱したオーブン（コンベクションオーブンの場合は200℃）で、黄金色の焼き色がつくまで1時間ほど焼く（目安はフィリングの中心温度が50℃以上）。

8 オーブンから取り出し、型に入れたまま15分ほど休ませる。
※パイを型から取りはずす際は慎重に。温かいうちにいただくのがベスト。

BEEF, STILTON & ONION PIE

スティルトンとオニオンのビーフパイ

大雪で道路が封鎖された時など、雪ごもりする冬の日のためのパイ。濃厚で贅沢な味わいで、食後はソファでまどろむのがベスト！

4〜6人分（25㎝グラタン皿1枚分）

材料

ラフ・パフ・ペイストリー（p.66、または市販のパイ生地）… 300g
溶き卵 … 卵黄1個分＋水小さじ1
打ち粉（中力粉）、海塩 … 各適量

❀フィリング
牛肩肉（ステーキ用、4㎝角）… 600g
スティルトンチーズ（2㎝大に切ったもの）… 100g
ブラウンマッシュルーム … 400g
玉ねぎ（大）… 2個
ローリエ … 2枚
タイム … 3枝
中力粉 … 100g
ビーフブイヨン（市販品）… 2ℓ
赤ワイン … 300㎖
植物油 … 40㎖
塩 … 小さじ1
黒こしょう（挽きたて）… 小さじ1/2

❀サイドディッシュ
クミン風味のにんじんのロースト（p.242）、新じゃがいも（ゆでたもの）… 各適量

作り方

1. 下準備をする

1. フィリングの玉ねぎは皮をむき、根もとの芯をつけたまま半分に切り、さらにそれぞれ繊維に沿って6つに切る。
2. フィリングのブラウンマッシュルームは、キッチンペーパーで表面を軽くふき取ったあと半分に切る。

2. フィリングを作る

1. ローストパンに牛肉を入れ、中力粉をもみ込む。粉っぽさがなくなったら植物油20㎖を加え、肉に均等に油がからむようによく混ぜあわせる。
2. 天板にのせ、240℃に予熱したオーブン（コンベクションオーブンの場合は220℃）に入れ、20分ほど焼く（目安は、肉にきれいな焼き色がつき、焼き汁が蒸発していればOK）。
※焼き色が薄ければ、オーブンに戻してさらに5分ほど加熱する。
3. 大きなフライパンを中火にかけ、残りの植物油を入れて1分熱し、**1**-1の玉ねぎを加えて軽く茶色に色づくまで木べらでよく炒める。
4. **1**-2のマッシュルームと塩半量を加え、マッシュルームがしんなりするまで3分ほど炒める。
5. 赤ワイン、ローリエ、タイムを加えてひと煮立させてから、2のローストパンにあける。
6. 空になったフライパンにブイヨンを注ぎ、フライパンの底についた旨味をこそいで煮溶かし、5のローストパンに注ぐ。
※ブイヨンがフライパンに1度に入らない場合は、2度に分ける。
7. ローストパンの上にアルミ箔をかぶせてしっかりと覆い、240℃のオーブン（コンベクションオーブンの場合は220℃）に入れて10分ほど加熱したあと、180℃（コンベクションオーブンの場合は160℃）に温度を下げて、1時間45分ほど加熱する。
8. ローストパンをオーブンから取り出し、アルミ箔の端を慎重にめくって肉を1つスプーンですくい、火通りを確認する（目安は、ホロホロにやわらかくなった状態ではなく、少し歯ごたえが残る程度）。
※まだかたさが残るようであればオーブンに戻し、さらに15分ほど加熱する。

⑨ 大きなボウルの上にザルを重ね、ローストパンの中身をあけて、そのまま2〜3分おいて焼き汁を濾す。ザルの中身はローストパンに戻して広げ、冷ましておく。

⑩ 漉した焼き汁を大鍋に移して中火にかけ、スプーンの背が隠れるくらいの濃度がつくまで煮詰める。残りの塩とこしょうで味を調える。

⑪ 煮詰めた焼き汁をローストパンに戻し、室温まで冷ます。

3. 生地を成形する

軽く打ち粉をしたこね台にラフ・パフ・ペイストリーをのせ、厚さ5㎜、グラタン皿の上面を覆う大きさの長方形にのばし、蓋用の生地とする。クッキングシートを敷いた天板に移し、冷蔵庫で最低25分冷やして休ませる。

※生地の切れ端はあとでデコレーションに使う。

4. パイを作る

① グラタン皿に**2**のフィリングを広げて表面をならし、チーズを均等に散らす。

※型の端（側面）にチーズがついてしまわないように、型の端側は避ける。

② グラタン皿の縁まわりに溶き卵を塗り、皿の外側も縁から2.5㎝のところまで塗る。**3**の蓋用の生地を冷蔵庫から取り出し、グラタン皿にかぶせ、生地の縁を皿の外側にしっかりと押しつけて密閉する。

※生地はピンと張らずに、わずかにゆるませてかぶせる。ピンと張ってしまうと、焼成中に破ける場合があるので注意。

③ 蓋用の生地に溶き卵を塗り、生地の切れ端で好みのデコレーションを施し（p.33）、再び溶き卵を塗る。冷蔵庫で20分ほど冷やして休ませる。

④ ③を冷蔵庫から取り出して天板にのせ、220℃に予熱したオーブン（コンベクションオーブンの場合は200℃）で、黄金色の焼き色がつくまで25分ほど焼く。途中で皿の向きを入れ替え、均一に火が通るようにする（目安はフィリングの中心温度が70℃以上、またはナイフを刺し込み、数秒してから引き抜き、手で触って熱ければOK）。

⑤ オーブンから取り出し、海塩をふる。サイドディッシュとじゃがいもを添える。

LAMB HOTPOT

ランカシャー風ホットポット

日曜日の午前中に仕込めば、午後にはおいしそうなラム肉のローストの香りが家中に漂い、家族の期待は高まるはずだ！

6人分

作り方

1. 下準備をする

じゃがいもはザルに入れ、塩小さじ2をふってまんべんなく混ぜる。そのまま5分おいてから冷水で洗い、清潔な布きんにとって水気をおさえる。

2. ホットポットを作る

1 ラム肉に植物油をすり込み、しっかりめに海塩をふってなじませる。ローストパンに網をのせ、その上にラム肉をのせる。

2 天板にのせ、220℃に予熱したオーブン（コンベクションオーブンの場合は200℃）に入れ、25分ほど焼く。

3 網ごとラム肉を取り出す。
※ローストパンにたまった焼き汁は、あとで使うので小さなボウルに移して取っておく。

4 肉を焼いたローストパンに水を注ぎ、焼いたラム肉を戻す。ローストパンごとアルミ箔でしっかりと覆い、190℃のオーブン（コンベクションオーブンの場合は170℃）で2時間半ほど加熱する。

5 オーブンから取り出し、アルミ箔をはがす。ラム肉をまな板に移して休ませる。
※アルミ箔をはがす際は、熱い蒸気でやけどをしないよう、布きんなどで手を保護すること。ローストパンにたまった焼き汁は別のボウルに移して取っておく。

6 蓋つきの厚手の深型鍋を中火で熱し、3の焼き汁を大さじ2杯入れ、泡立ってきたらにんじんを加え、時々かき混ぜながら飴色になるまで5分ほど炒める。

7 玉ねぎを加えてしんなりとするまで4分ほど炒めたら火を弱め、軽く色づくまでさらに炒める。セロリを加え、さらに2分ほど炒める。

8 中力粉をふりかけ、木べらでかき混ぜながらさらに4分ほど炒める。ローズマリーの葉を摘み取ってみじん切りにし、5で取っておいた焼き汁、ブイヨン、ウスターソース、ローリエと一緒に加えて塩小さじ1をふり、こしょうをたっぷり挽きかけ、火力を中火に強めてスプーンの背が隠れるくらいの濃度に煮詰める。

9 5の焼いたラム肉の骨と余分な脂肪を取り除き、一口大に切り分け、8の鍋に加えてひと混ぜし、鍋を火からおろす。

10 **1**のじゃがいもを、鍋の中央から外側に向かって、らせん状に並べていく。

11 鍋に蓋をし、190℃のオーブン（コンベクションオーブンの場合は170℃）で1時間ほど焼く。刷毛でじゃがいもに溶かしバターを塗る。

12 オーブンの温度を210℃（コンベクションオーブン190℃）に上げ、蓋をはずした状態で鍋をオーブンに戻し、さらに20分ほど加熱する。

13 オーブンから取り出し、10分ほど冷ます。

材料

ラムショルダー（肩肉）… 2～2.5kg
じゃがいも（キタアカリまたは男爵、3㎜厚のスライス）… 1kg
にんじん（乱切り）… 3本分
玉ねぎ（大、粗みじん切り）… 1と1/2個分
セロリ（乱切り）… 3本分
ローズマリー … 20g
ローリエ … 2枚
中力粉 … 20g
ラムブイヨン（仔羊のブイヨン）* … 500㎖
ウスターソース … 小さじ2
溶かしバター … 20g
水 … 250㎖
植物油 … 大さじ1
塩、海塩、黒こしょう（挽きたて）… 各適量

*入手できない場合は、コンソメや野菜のブイヨンで代用できます（ラム肉を使うため、風味はラム肉でカバーできます）。

KEEMA-SPICED COTTAGE PIE

キーマカレー風味のコテージパイ

パイといってもパイ生地の代わりにマッシュポテトを使い、ひき肉とあわせて作るコテージパイは、イギリスの家庭の味の代表格。すぐに作れる手軽さも魅力で、夏の夜食として食べられるほど軽く、我が家では断トツの人気メニュー。このレシピでは、インドのエッセンスを加えてみた。

4人分（直径24㎝パイ皿1台分）

作り方

1. フィリングを作る

1 大きなフライパンに植物油を入れて中火にかけ、玉ねぎを軽く色づくまで10分ほど炒める。

2 ターメリックパウダー、クミンシード、ガラムマサラパウダーを加えて2分ほど炒める。にんにく、しょうが、赤唐辛子を加え、にんにくがやわらかくなり軽く色づくまでさらに5分炒める。

3 牛ひき肉を加えて炒め、汁気がなくなったらカットトマトを加えて15分ほど煮る。パクチーの葉を摘み取ってみじん切りにし、グリーンピースと一緒に加え、塩で味を調える。

4 パイ皿に移して表面をならし、冷ましておく。

2. マッシュポテトを作る

1 鍋に塩（材料外、適量）を加えた湯（材料外、適量）を入れ、じゃがいも入れて中心までやわらかくなるまで15～20分ゆでる。ザルにあげて水気を切る。

2 鍋にじゃがいもを戻し、牛乳、バター、ターメリックパウダーを加えてしっかりつぶす。最後に卵黄を加え、よく混ぜあわせる。

3. パイをつくる

1 サントノーレ口金をつけた絞り袋にマッシュポテトを入れ、フィリングの上にデコレーションする。
※フィリングの上にマッシュポテトをひろげ、フォークで表面に波状の模様を入れてもよい。

2 天板にのせ、200℃に予熱したオーブン（コンベクションオーブンの場合は180℃）に入れ、30分ほど焼く（目安は、フィリングが皿の側面にぐつぐつとたぎり、トッピングのマッシュポテトに黄金色の焼き色がつけばOK）。
※温かいうちにいただくのがベスト。

材料

✾フィリング
牛ひき肉 … 500g
カットトマト（水煮缶、汁気を切ったもの）… 350g
グリーンピース（冷凍、解凍したもの）… 300g
玉ねぎ（中、あられ切り）… 1個分
赤唐辛子（小口切り）… 2本分
にんにく（みじん切り）… 2片分
しょうが（すりおろしたもの）… 小さじ2
パクチー … 25g
ガラムマサラパウダー … 小さじ2
ターメリックパウダー、クミンシード … 各小さじ1/2
植物油 … 大さじ1
塩 … 適量

✾マッシュポテト
じゃがいも（一口大に切ったもの）… 1kg
卵黄 … 1個分
牛乳 … 150㎖
バター（食塩不使用）… 80g
ターメリックパウダー … 小さじ1

VENISON & BONE MARROW SUET PIE

シカ＆骨髄のスエット・パイ

暗く寒い冬の夜に、家庭の食卓を飾るのにふさわしい逸品。サクサクとしたスエット・ペイストリーから突き出た骨は、見た目のインパクトを演出するだけでなく、骨の中の骨髄の旨味がパイに溶け込み、贅沢な味わいを醸し出す。
ホルボーン・ダイニング・ルームでは、野生のシカ肉を使えるのだから幸せだ。おいしい肉だし、環境にもやさしい。先日、ジビエ料理の達人である友人シェフ、マイク・ロビンソン（Mike Robinson）が、コッツウォルズでシカ狩りに連れて行ってくれた。自分たちが使う食材に敬意を払う必要性や、マイクが狩猟する土地をどのように管理し、持続可能なものにしているかを知ることができ、とても有意義な旅だった。
仕留めたシカを森から運び出す時は、細心の注意を払わねばならない。そして、野生のシカ肉は身がしまっているので、レシピ中の煮込みの手順に従うこと。何時間も煮込むと乾燥してパサついてしまう。牛脂入りスエット・ペイストリーは、「牛ほほ＆キドニーのスエット・プディング」のように蒸すのと、オーブンで焼くのとではでは、食感がまったく変わるので、その違いを楽しんでほしい。

6人分（26㎝グラタン皿1枚分）

作り方

1. 下準備をする

フィリングの牛の骨髄は冷水に一晩浸しておく。

2. フィリングを作る

1 大きなローストパンにシカ肉を入れ、中力粉をまぶし、植物油20㎖をすり込む。

2 天板にのせ、240℃に予熱したオーブン（コンベクションオーブンの場合は220℃）で20分ほど、肉に焼き色がつくまで焼く（目安は肉汁が蒸発した状態）。

3 鋳鉄鍋に残りの植物油を入れて中火にかけ、玉ねぎを入れてしんなりとして軽く焼き色がつくまでじっくり炒める。

4 ローストパンをオーブンから取り出し、赤ワインを注ぎ、底にこびりついている旨味成分をこそげ落として煮溶かす。

5 4の肉を汁ごと3の鍋にあける。タイムの葉を摘み取り、ブイヨン、塩と一緒に加えてひと煮たちさせる。

6 鍋にアルミ箔をかぶせ、200℃のオーブン（コンベクションオーブンの場合は180℃）に入れて1時間半ほど煮込む。

7 ローストパンをオーブンから取り出し、底にカラメル化した肉片がこびりついている場合は木べらでこそぐ。にんじんを加えて再びオーブンに入れ、肉がやわらかくなるまでさらに30分ほど煮込む。

8 肉の煮汁を別の鍋に濾し入れて中火で熱し、とろみがつくまで煮詰める（目安はグレイビーくらいの濃度）。

9 8の煮汁を7の鍋に戻して混ぜる。

10 鍋の中身をパイ皿に移し、室温まで冷ます。

11 **1**の骨髄の水気を切り、パイ皿に立てて並べる。互いに等間隔になるよう、また皿の側面からも等間隔になるように並べる。

3. パイを作る

1 こね台にスエット・ペイストリーをのせ、パイ皿の上面の直径より5㎝大きな円形にのばす。

2 パイ皿の縁まわりに溶き卵を薄く塗り、のばした生地に骨髄を通すための小さな十字の切り込みを3つ入れる。

3 生地をパイ皿にかぶせ、骨は十字の切り込みに通す。皿の縁まわりに生地をしっかりと押しつけて密閉し、骨髄のまわりに生地を押しつけて隙間をふさぐ。

4 生地の表面に溶き卵を塗り、海塩とタイムの葉を散らし、冷蔵庫で15分ほど冷やして休ませる。

5 4を冷蔵庫から取り出して天板にのせ、210℃に予熱したオーブン（コンベクションオーブンの場合は190℃）で、黄金色の焼き色がつくまで40分ほど焼く。途中で皿の向きを入れ替え、均等に火が通るようにする。

6 型から出して切り分け、器に盛り、サイドディッシュを添える。
※温かいうちにいただくのがベスト。

材料

スエット・ペイストリー（p.70）
…300g
溶き卵…卵黄1個分＋水小さじ1
海塩…小さじ1/2
タイムの葉…適量

❁フィリング

シカ肉（煮込み用、3㎝角）…1kg
牛の骨髄（ゲンコツ、長さ10〜12㎝の輪切り*）…3本
玉ねぎ（大、スライス）…2個分
にんじん（1㎝大に切ったもの）
…3本分
タイム…1/4束
赤ワイン…300㎖
ビーフブイヨン（市販品）…1.5ℓ
中力粉…60g
植物油…30㎖
塩…25g

❁サイドディッシュ

ハッセルバックポテト（p.234）
…適量

*入手できない場合は、お近くの肉の専門店にお問いあわせください。

RABBIT, PANCETTA & MUSTARD PIE

マスタード風味のウサギ＆パンチェッタのパイ

このパイに使われているメインの3つの材料は、抜群に相性がよい。ホルボーン・ダイニング・ルームでは、ウサギのもも肉の煮込み＆マッシュポテトに、同じソースをあわせて提供することがあるが、とても人気だ。ウサギは精肉店に頼んでさばいてもらうか、自信があれば自分でさばいてもよい。しかし、餅は餅屋の例えどおり、私だったら精肉店に頼む。

6～8人分（直径24㎝底取れ式ケーキ型*1 1台分）

材料

ラフ・パフ・ペイストリー（p.66、または市販のパイ生地）… 700g
バター … 5g
溶き卵 … 卵黄1個分＋水小さじ1
打ち粉（強力粉）… 適量

✿フィリング
ウサギ … 2羽（1.8kg）*2
パンチェッタ（角切り）… 200g
キャベツ（千切り）… 800g
玉ねぎ（大、スライス）… 1個分
白ワイン … 100㎖
バター … 40g
中力粉 … 40g
粒マスタード、ディジョンマスタード … 大さじ1
タイムの葉 … 4枝分
植物油 … 小さじ2
塩 … 小さじ1

✿サイドディッシュ
ミント風味のいんげんのサラダ（p.240）… 適量

*1 ご使用の型によっては生地があまるなど誤差が生じることがあります。

*2 お近くのジビエ専門店にお問いあわせいただき、骨つきのもも肉と肩肉、骨なしの背肉、ガラをご購入いただくことをおすすめします。

作り方

1. 下準備をする

フィリングのウサギは骨をつけたままもも肉と肩肉をはずす。背肉（腰肉）ははずして1.5㎝角に切る。ガラは半分にぶつ切りにし、頭は捨てる。
※専門店で購入するのがおすすめ。

2. 生地を成形して型に敷き込む

1 軽く打ち粉をしたこね台にラフ・パフ・ペイストリーの1/3量をのせ、厚さ5㎜の円形にのばし、蓋用の生地とする。クッキングシートを敷いた天板にのせ、使うまで冷蔵庫で冷やしておく。

2 残りの生地を厚さ5㎜の円形にのばし、バターを塗った型に敷き込む。型の底面と側面に生地を押しつけながらきっちりと敷き込み、型からはみ出た生地は3㎝に切り揃える。使用するまで冷蔵庫で冷やしておく。
※生地の切り落としはあとでデコレーショに使う。

3. フィリングを作る

1 大鍋に**1**のウサギの肉とガラを入れ、水（材料外、2ℓ）を加えて、液面が軽くゆらめく程度の火加減で、肉がやわらかくなるまで1時間半ほど煮込む。表面に浮かぶアクを定期的に取り除く。

2 鍋からガラを穴あきレードルで取り出し、キャベツを加えて1分ゆでる。

3 鍋の中身をザルにあげ、別の鍋に煮汁を濾し入れる。ザルに残った肉とキャベツは冷ましておく。

4 3の煮汁の入った鍋に白ワインを加え、強火にかけて沸騰させ、そのまま1/3量になるまで煮詰める。煮詰めた煮汁はピッチャーに移しておく。

5 別の鍋に植物油とバターを入れて中火にかけ、バターが泡立ってきたら、玉ねぎとパンチェッタを加えて玉ねぎがしんなりするまで6分ほど炒める。中力粉を加え、弱火にしてさらに5分ほど炒める。

6 3の肉から骨を取り除く。

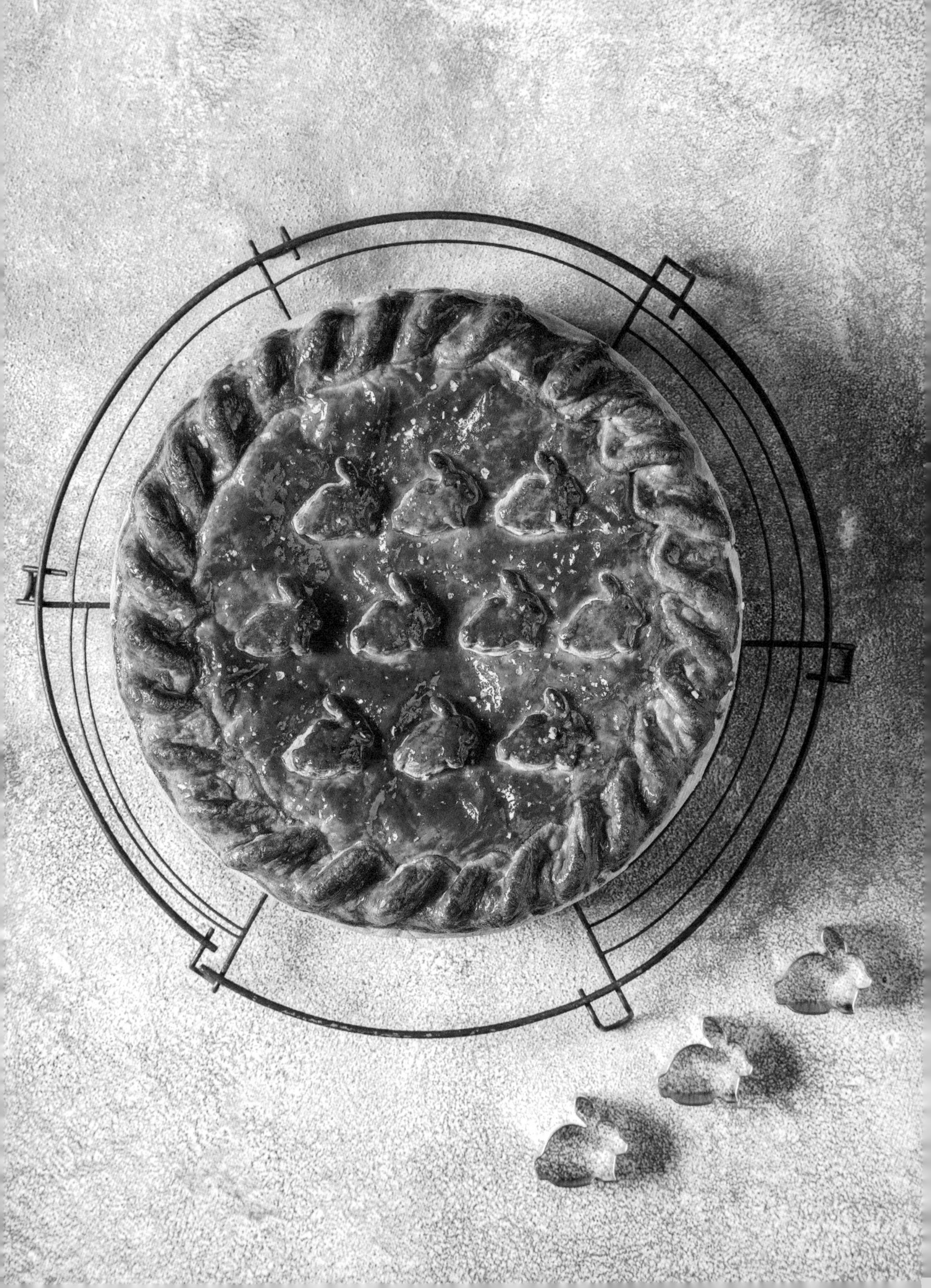

⑦ ④の煮汁の半量を⑤の鍋に加えて熱し、とろみがついたら残りの煮汁を加え、再びとろみがつくまで中火で煮る。火を強めて沸騰させ、絶えずかき混ぜながら2分ほど煮詰める。マスタード2種、タイム、塩を加えて、ひと混ぜする。

⑧ ③のキャベツの余分な水分を絞り、⑥の肉と一緒に⑦の鍋に加えて混ぜる。幅広の皿かバットにあけて広げ、室温まで冷ましてから冷蔵庫に入れて20分冷やしておく。

4. パイを作る

① **2**-②の型を冷蔵庫から取り出し、**3**のフィリングを広げ、表面を平らにならす。

② 型からはみ出た生地（のりしろ）に溶き卵を薄く塗り、冷蔵庫から取り出した**2**-①の蓋用の生地をかぶせて溶き卵を薄く塗る。上下の生地の縁をしっかりと貼りあわせ、蓋用の生地の上に折り返してひだを寄せながら（p.32）、密閉する。

③ 再び溶き卵を蓋用の生地と縁まわりに塗り、好みのデコレーションを施す（p.33）。冷蔵庫に戻して、20分ほど冷やして休ませる。

④ 冷蔵庫から取り出して天板にのせ、210℃に予熱したオーブン（コンベクションオーブンの場合は190℃）で、黄金色の焼き色がつくまで45分ほど焼く。途中で型の前後を入れ替え、均等に火が通るようにする。

⑤ 型から出して切り分け、器に盛り、サイドディッシュを添える。

LIGHT GAME PIE

キジとホロホロチョウのライトなジビエのパイ

ジビエ料理のレシピというと、赤ワインを使ったボリュームのある料理に傾きがちだが、私は狩猟シーズンのはじめには、もっと軽やかな料理に仕上げるのが好きだ。キジやホロホロチョウなどやさしい味わいの野鳥類には、あまり重くない調理法が適している。このパイは、内臓肉が多い料理はちょっと……と思っている方にも、ジビエ料理の入門編としておすすめしたい。

6〜8人分（直径24㎝底取れ式ケーキ型[*1] 1台分）

材料

ラフ・パフ・ペイストリー（p.66、または市販のパイ生地）… 700g
バター（室温に戻してやわらかくしたもの、型に塗る分）… 10g
溶き卵 … 卵黄1個分＋水小さじ1
打ち粉（中力粉）… 適量

❁フィリング
キジ … 2羽（1.6kg）[*2]
ホロホロチョウ … 1羽（1kg）[*3]
にんじん（あられ切り）… 3本分
玉ねぎ（大）… 2個
にんにく … 2片
チキンブイヨン（市販）… 1.5 ℓ
海塩 … 小さじ1
ソース
- 中力粉 … 150g
- シードル（辛口）… 330 mℓ
- バター（食塩不使用）… 140g
- イタリアンパセリ（粗みじん切り）… 10g
- 粒マスタード、イングリッシュマスタード … 各小さじ1
- 海塩 … 適宜

作り方

1. 下準備をする

1 フィリングの玉ねぎは皮をむき、根もとの芯をつけたまま4つ切りにする。

2 フィリングのにんにくは皮をむいてつぶす。

3 フィリングのキジとホロホロチョウは下処理する：それぞれむね肉をはずして皮を取り除き、3㎝角に切る。もも肉は骨つきのままはずし、ガラは捨てる。
※専門店で購入するのがおすすめ。

2. 生地を成形して型に敷き込む

1 軽く打ち粉をしたこね台の上にラフ・パフ・ペイストリーの1/3量をのせ、厚さ5㎜の円形（型の直径＋のりしろ3㎝）にのばし、蓋用の生地とする。クッキングシートを敷いた天板にのせ、使うまで冷蔵庫で冷やしておく。

2 残りの生地を厚さ5㎜の円形にのばし、バターを塗った型に敷き込み、はみ出た生地は3㎝に切り、土台の生地とする。使うまで冷蔵庫に入れておく。
※生地の切れ端はあとでデコレーションに使う。

3. フィリングを作る

1 鍋にブイヨンを入れ、**1**-1の玉ねぎ、**1**-2のにんにく、にんじん、海塩を加えて強火にかけ、沸騰したら**1**-3のもも肉を入れ、弱火にしてそのまま45分煮込む。トングで鍋からもも肉を取り出し、バットに移して冷ましておく。

2 **1**-3のむね肉を入れて火をとめ、そのまま5分予熱で火を通す。穴あきレードルでむね肉、にんじん、玉ねぎ、にんにくを取り出し、大きなボウルに移して冷ましておく。玉ねぎは冷めたら、根もとを切り落としてバラバラにしておく。
※煮汁はあとで使うので取っておく。

3 取っておいた煮汁を別の鍋に漉し入れる。中火にかけ、10分おきに表面の余分な脂を取り除きながら、200 mℓほどになるまで煮詰める。

4 1のもも肉を骨からはずして大ざっぱに割き、2のボウルに加える。

[*1] ご使用の型によっては生地やフィリングがあまるなど誤差が生じることがあります。

[*2&3] お近くのジビエ専門店にお問いあわせいただき、むね肉（骨と皮なし）ともも肉（骨つき）をご購入いただくことをおすすめします。

4. ソースを作る

1 鍋にバターを入れて弱火にかけ、バターが溶けたら中力粉を加え、ホイッパーでかき混ぜながら10分ほど炒める。

2 シードルの半量を加え、なめらかになるまでホイッパーでよく混ぜる。引き続きよくかき混ぜながら、残りのシードルも加える。
※ソースをなめらかに仕上げるには、この時点ではかなり濃厚な状態にしておく必要がある。

3 **3**-3の煮汁の半量を加え、再びよく混ぜてなじませてから、残りを加えて混ぜる。
※ソースが少し薄いようであれば火を少し強め、ホイッパーでよく混ぜながらとろみがつくまで煮る（目安はスプーンの背が隠れるくらいの濃度）。

4 マスタード2種とイタリアンパセリを加え、味見をして必要であれば海塩をさらに加えて味を調える。

5. フィリングを仕上げる

3-4のボウルに**4**のソースを加え、木べらでよく混ぜあわせる。室温まで冷めてから、冷蔵庫に20分ほど入れて完全に冷やす。

6. パイを作る

1 **2**-2の型を冷蔵庫から取り出し、冷やしておいた**5**のフィリングを広げて表面をならす。

2 **2**-1の蓋用の生地を冷蔵庫から取り出し、のりしろに溶き卵を薄く塗る。1にかぶせ、溶き卵を薄く塗る。型からはみ出た部分がまだひんやりとしつつもやわらかくなったら、上下の生地をしっかりと貼りあわせ、蓋用の生地の上に3㎝折り返し、ひだを寄せて縁飾りを施しながら（p.32）、ぐるりと密閉する。

3 蓋用の生地と縁飾りの部分に溶き卵を薄く塗り、生地の切れ端で好みのデコレーションを施す（p.33）。冷蔵庫で20分ほど冷やしておく。

4 冷蔵庫から取り出して天板にのせ、220℃に予熱したオーブン（コンベクションオーブンの場合は200℃）で、黄金色の焼き色がつくまで45分ほど焼く。途中で型の向きを入れ替え、均一に火が通るようにする（目安はフィリングの中心温度が65℃以上）。

5 型から出して切り分ける。
※このパイはこれだけで立派な食事になるので、私はこのパイだけ供することが多いが、マッシュポテトを添えてもよいだろう。

GRAND PARTY PIECES

ハレの日の料理

STUFFED SEA BASS EN CROUTE

スズキのパイ包み焼き

仕事中にふと我に返り、いったい自分の職業は何なのだろうと笑ってしまうことがある。おもちゃ屋を走りまわり、機械を模した特注のパイを作るためにモチーフを探したり、大英図書館にこもって古代のレシピを調べたり……。誤解しないでほしい。この仕事はとてつもなくキツイこともあるが、好きなことを仕事にできて私は幸せだと思う。

この料理は、ラスベガスの「バルドー・ブラッセリー（Bardot Brasserie）」で、シェフのジョシュア・スミス（Joshua Smith）とのコラボレーションディナーで作った思い出の一品だ。ジョシュアは私の好きなタイプのシェフで、素晴らしい食材を使ってクラシカルな料理を作り、その料理には紛れもない誠実さがある。申し分のない人柄で、今でも友人としてつきあってもいる。この時のディナーは、歴史に裏打ちされた手の込んだクラッシック料理を提供したいということで、テーブルにはアンティークのダックプレス、鴨のガラから血を絞り出す器具が置かれ、パティシエチームによる大掛かりなデザートがセットされた。イベント当日の早朝には、スズキのパイ包みを作るために、6人がかりで生地の鱗を作った。多忙を極めた1週間の中で、「俺たちは巨大な魚を作るために給料をもらっているんだ」と、互いに顔を見あわせながら、つかの間の喜びに浸った。ここで紹介するレシピは、その夜に供したスズキのパイ包み焼きを少しシンプルにしたものだが、作る楽しさも味わいも劣らない。

6人分

材料

パフ・ペイストリー（p.63、または市販のパイ生地）… 600g
溶き卵 … 卵黄2個分＋水小さじ2
打ち粉（中力粉）… 適量

✿フィリング
スズキ … 1尾（3枚におろした際に1枚500g以上になる大きさ）
プロシュート・クルード（非加熱タイプの生ハム、長いもの、スライス）… 10枚（150g）
グリーンオリーブ（種なし、みじん切り）… 100g
ガーキンス（ピクルス、あられ切り）… 100g
ケッパー（酢漬け、水気を切ったもの、みじん切り）、イタリアンパセリ … 各30g
レモンの皮（すりおろしたもの）… 1個分
塩 … 小さじ1

✿ソース
ホワイトバターソース（p.255）… 適量

作り方

1. 下準備をする

フィリングのスズキはうろこを取って3枚におろし、小骨を抜いておく。イタリアンパセリは葉を摘み取っておく。

2. フィリングを作る

1. ボウルにスズキとプロシュート以外の材料をすべて入れ、混ぜあわせる。
2. スズキはそれぞれ皮目を下にして並べ、塩をする。下身に1を広げ、上身の皮目を上にして下身にかぶせる。
3. スズキを包むのに十分な大きさのラップを横長に置き、その上にプロシュートのスライスを少し重ねながら並べていき、大きな長方形を形作る。
4. スズキを横長にのせてラップで巻き上げ、スズキが完全にプロシュートに包まれた状態にする。ラップで全体をきつく締め、冷蔵庫で20分ほど冷やしておく。

2. パイ包みを作る

1. 軽く打ち粉をしたこね台にパフ・ペイストリーの1/3量をのせ、厚さ5㎜の楕円形（スズキの大きさ+最低5㎝ののりしろ）にのばし、土台の生地とする。残りの生地を厚さ5㎜の楕円形にのばし（土台の生地よりも25％ほど大きなサイズにする）、蓋用の生地とする。
※尾ひれをつける場合は、その分の生地も考慮する。

[2] **2**のスズキを冷蔵庫から取り出し、土台の生地の上にのせ、スズキのまわりの生地の縁部分に溶き卵を塗る。

[3] 蓋用の生地をスズキの上にかぶせ、空気が入らないよう生地をぴったりとスズキに密着させるようにし、土台の生地と縁を貼りあわせる。クッキングシートを敷いた天板に移し、冷蔵庫で10分ほど冷やして生地を少し締める。

[4] [3]を冷蔵庫から取り出し、生地の縁まわりをフォークでしっかりと押え、筋模様をつける。

※フォークに生地がくっつくようであれば、軽く打ち粉をする。

[5] スズキの形にあわせて縁まわりの余分な生地を切り落とし、表面全体に溶き卵を薄く塗り、冷蔵庫で30分ほど冷やして休ませる。

[6] [5]を冷蔵庫から取り出し、鋭利なナイフで生地の表面に浅く切り込みを入れて鱗模様をつけ、再び溶き卵を塗る。

※生地を貫通しないように注意する。

[7] 220℃に予熱したオーブン（コンベクションオーブンの場合は200℃）で、黄金の焼き色がつくまで25分ほど焼く。

[8] 器に盛り、ホワイトバターソースを添える。

※すぐにいただくのがベスト。

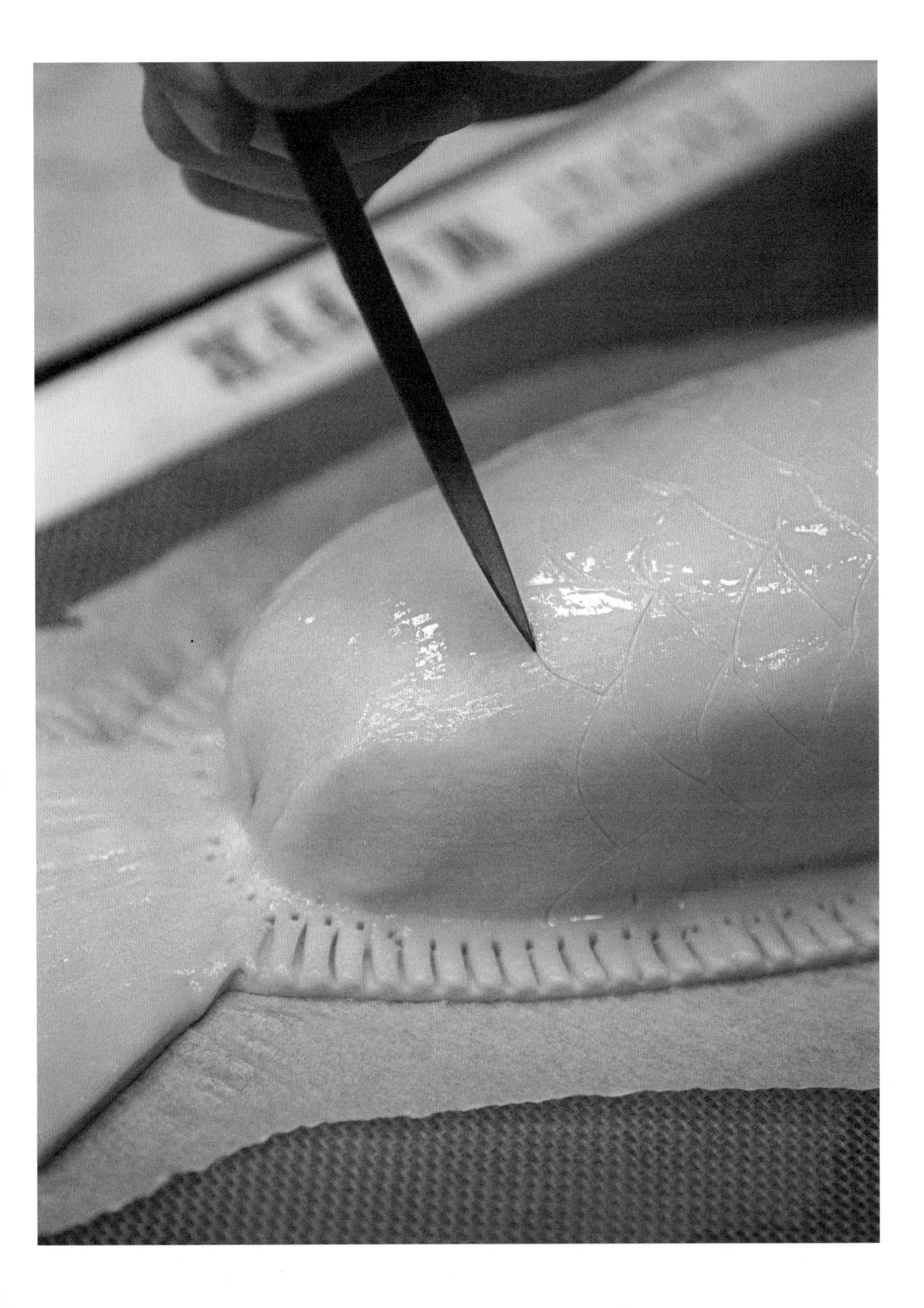

HONEY & FIVE-SPICED GLAZED HAM

五香粉風味のハニー・グレイズド・ハム

はちみつをまとい、艶やかなマホガニー色に輝くグレイズド・ハムが食卓に並ぶと、思わず目を見張る。大勢で食べることができるので、家族が集う際にはもってこいの料理だ。あまったハムは翌日に持ち越せるというメリットもある。骨つきハム1本を丸ごと調理するには、十分な大きさの鍋を使うことが重要だ。

12人分

作り方

1. 下準備をする

1 肉は大鍋に入れ、かぶるくらいの水(材料外、適量)を注ぎ、弱火〜中火にかけてゆでる。液面に浮かび上がってきたアクを定期的にすくい取り、アクがほとんど出なくなるまでゆでる。

2 セロリ、にんじん、玉ねぎ、リーキ、にんにく、ローリエを加え、弱火で2時間半ほどゆっくり煮込む(目安は肉の中心温度が70℃以上)。途中で煮汁が少なくなってきたら水(材料外、適量)を足し、肉が水面から出さない状態を保つ。

※鍋が小さく、肉が水面から一部出てしまうようであれば、途中で上下を入れ替える。

2. ハニー・グレイズド・ハムを作る

1 **1**の肉の骨部分に布きんを巻いて鍋から取り出し、鍋敷き代わりのまな板の上に置いたローストパンに移す。

※煮汁はあとでグレーズ(照り出し)に使うのでボウルに入れて取っておく。

2 薄刃の小型ナイフで、肉の外側の皮を丁寧にそぎ落す。その下の脂肪の層は、肉の乾燥を防いで旨味を閉じ込める役割を果たすため、なるべく切り落とさずにそのまま残すようにする。

3 同じナイフで、肉の表面に露出した脂肪部分に浅く切り込みを入れ、格子状の模様を施す。斜めに2㎝間隔で平行に切り込みを入れてから、反対方向からも同様に切り込みを入れていく。

※肉まで貫通しないように注意する。

4 縦横の切り込みが交差する格子点にクローブを1個ずつ刺す。ローストパンから皮をすべて取り除き、廃棄する。

材料

豚の塩漬け(骨つき)*1 … 1本(5kg)
セロリの茎(粗みじん切り)… 2本分
にんじん(粗みじん切り)… 2本分
玉ねぎ(半分に切ったもの)… 1個分
リーキ(粗みじん切り)… 1本分*2
にんにく … 3片
ローリエ … 4枚
クローブ … 約40個
はちみつ(液状)… 150㎖
五香粉 … 小さじ1

*1&2 入手できない場合、リーキは長ねぎ2本分で代用します。豚の塩漬けは次のように作ることができます:新鮮な豚もも肉(骨つき)5kgに塩350gをもみ込み、キッチンペーパーで覆い、さらに空気が入らないようにラップで包み、大きな袋に入れて冷蔵庫で2日置く。冷蔵庫から取り出し、袋をはずしてラップとキッチンペーパーを取って大きなバットに移し、再びラップをかけて覆い、冷蔵後で2日間置いて熟成させる。使う際は、塩気を取るために流水で洗い、キッチンペーパーで水気をふき取る。

5 天板にのせ、210℃に予熱したオーブン（コンベクションオーブンの場合は190℃）に入れて10分ほど焼き、ローストパンの前後を入れ替え、さらに10分ほど焼く。

6 オーブンからいったん取り出し、ローストパンに1の煮汁をレードル2杯分注ぎ、はちみつと五香粉を加えてローストパンにたまっている焼き汁と混ぜあわせ（ⓐ）、刷毛で塗って肉全体に艶を出す。さらに、切り込み部分にも刷毛を押しつけるようにしながら塗る。

※あまった煮汁はスープなどを作る際のブイヨンとして使える。ただし、塩気が強いので調味する際には注意する。

7 オーブンに戻して10分ほど焼く。

8 6のⓐを塗っては、オーブンで5分焼く作業を繰り返す。その都度、肉の上下を入れ替えながら、肉全体がしっかりⓐで覆われるまで続ける。

9 オーブンから取り出し、大皿に盛る。

※器に取り分ける際は5㎜にスライスする。

PORK BELLY & APPLE SAUCE

豚バラのロースト アップルソース仕立て

豚バラ肉を、皮はパリッと、中はとろけるようにやわらかく仕上げるには、ここで紹介する方法が最適だ。低温で長時間調理することで、余分な脂肪が落ちつつもある程度保たれるため、焼きすぎの豚バラ肉にありがちな、パサつきを防ぐことができる。
中国料理の中華鍋による調理法を拝借したら、素晴らしくクリスピーなパリパリの皮を実現できた。中華鍋を使わないのであれば、まずは110℃の低温のオーブンで6時間じっくり焼いてから、オーブンの温度を260℃まで上げ、少量の油を豚バラ肉にすり込み、さらに15〜20分焼くとよいだろう。

8〜10人

材料

豚バラブロック（ハーフカット、皮つき、骨なし）… 1枚（2〜2.5kg）
にんにく（みじん切り）… 2片分
セージ … 30g
植物油 … 200㎖
塩 … 25g

❁アップルソース
りんご（紅玉、皮をむいてスライスしたもの）… 500g
レモン汁 … 1/2個分
グラニュー糖 … 20g

❁サイドディッシュ
クラップショット（p.232）、クミン風味のにんじんのロースト（p.242）… 各適量

作り方

1. アップルソースを作る

1. 耐熱容器に材料をすべて入れ、ラップをしっかりかぶせ、700Wの電子レンジでまずは4分加熱し、様子を見ながら軽く崩れるまでさらに加熱する。
※鍋に材料を入れ、弱火で10〜15分煮てもOK。
2. 電子レンジから取り出し、マッシャーでりんごをつぶす。
※りんごがつぶれにくい時は少量の水（材料外、適量）を加えてさらに加熱する。

2. 豚バラのローストを作る

1. ごく鋭利なナイフで、豚バラ肉の皮目に2.5㎝間隔で斜めに切り込みを入れ、肉を裏返す。セージの葉を摘み取ってみじん切りにし、にんにく、塩20gと一緒にもみ込む。
2. 手前の皮（巻きはじめに内側にくる部分）を少し斜めに切り落としてから、肉をしっかりと巻き込んで円筒状にする。
3. 肉の中央に調理用糸を1周巻いてかた結びにし、両端も同様に糸を巻いて縛る。次に、糸を巻いた3か所の間にも1周ずつ糸を巻いて縛る。
※最初に中央と両端を糸で縛って固定することで、均等に糸を巻くことができる。
4. 糸で縛った肉を網にのせ、やかん1杯分の熱湯（材料外）を皮全体にかけて脂抜きする。再び同様に脂抜きし、布きんにとって水分をおさえる。
5. 肉をローストパンにのせ、残りの塩をすり込む。
6. 5の肉をローストパンごと天板にのせ、110℃に予熱したオーブン（コンベクションオーブンの場合は90℃）に入れ、6時間焼く。
7. 中華鍋の上に網をずらして置き（手前にレードルが入る隙間を作っておく）、肉をのせる。手前の隙間から植物油を注いで180℃に熱し、肉の皮目にレードルで油をかける。皮目に油をかけても泡立たなくなり、カリッとするまで続ける。火からおろし、そのまま15分休ませる。
8. 肉を厚めに切り分け、器に盛り、アップルソースとサイドディッシュ2種を添える。

THE ULTIMATE BEEF WELLINGTON

傑作ビーフ・ウェリントン

この本のプロジェクトを立ち上げた時から、レストラン並みのビーフ・ウェリントンを家庭で作るための完全ガイドをぜひのせたいと思っていた。ザ・パイ・ルームでビーフ・ウェリントンを作る方法では無理があるので、家庭で再現できるよう最良の方法で紹介している。私は20年以上、様々な店の厨房で働き、様々なシェフの下でウェリントンを作ってきた。5年前からはオリジナルレシピで作っているが、レシピは今も進化中だ。ゲストをあっと言わせるような、「本物」を作るには、時間と訓練が要る。ただし、このレシピで、以下の手順通りに作れば、自慢のできるウェリントンができるはずだ。
まずは、ウェリントンを作る際に考慮すべき重要ポイントを紹介しよう。

1/ 時間に余裕をもつ。夕食に供するために帰宅してからウェリントンを仕込んでも、うまくいかない。このレシピでは2日に分けて作業を行うので、週末に作るのであれば、土曜日に肉の下ごしらえとマッシュルームのデュクセルを作っておけば、日曜日は組み立てだけですむ。

2/ 上質な牛肉を使う。より優れた風味を味わうことができる。乾燥熟成させた牛の生ハムは、調理しても水分の放出が少ないので、生地がベチャッとするのを防げるという利点がある。また、肉は一晩冷やして休ませると、扱いやすく、のばしやすくなる。ただし、材料すべてが冷えた状態であるため、オーブンで生地に火を通す時間が長くなる。

3/ 調理開始のタイミングを綿密に計画する。ゲストに食事の時間を伝えている場合、デコレーションの時間と肉を休ませる時間も考慮して、仕込み開始時間を決める。

4/ ウェリントンを最低30分休ませる。これがどれほど重要か、いくら強調してもしきれない。休ませずにウェリントンを切ると、牛肉の繊維は焼成によってまだ緊張した状態にあるため、繊維が急激に弛緩し、肉汁がウェリントンの中にあふれ出す。肉はパサパサになり、生地はベチャベチャになってしまう。

5/ パフ・ペイストリーは使わない。層が何百にも重なっているだけでなく、もろすぎて切り分けづらい。おまけに、テーブルも汚れる。ラフ・パフ・ペイストリーの方が、少し強度がある。乳化した油を使ったベジタリアンパイ生地もとてもあう。

6/ デジタル調理用温度計を使う。牛肉を適切な温度で正確に調理すると、バラ色に輝く切り口を実現できる。

7/ ブレザオラ（牛の生ハム）を、プロシュートで代用しない。代用しているケースを多くのレシピで見かけるが、プロシュートは風味が強すぎるので、ウェリントンが豚肉の味になるだけだ。それはおかしい。乾燥させて短期熟成させて作られた牛の生ハムを使うことで、ヒレ肉の風味が十分に生きる。

8/ 焼成時間はレシピを参照し、焼き加減の好みによって調節する。ザ・パイ・ルームでは、ミディアムレアで仕上げている。私にとってベストな状態だからだ。しかし、各自の好みに応じて仕上げてかまわない。

6〜8人*

作り方

[前日]

1. 下準備をする

1 フィリングの牛フィレ肉は余分な筋を取り除いておく。

2 フィリングのきのこ類はキッチンペーパーで表面を軽くふき取り、すべて均等な大きさに細かく刻む。
※フードプロセッサーにかけるよりも、手で切ると自ずとムラがでるので食感がよくなる。

2. きのこのデュクセルを作る

1 大きなフッ素樹脂加工のフライパンに植物油20㎖を入れて弱火にかけ、エシャロットとにんにくをしんなりするまで10分ほど炒め、ボウルに移しておく。

2 同じフライパンに植物油20㎖を加えて強火で熱し、**1**-2のきのこ類を加え、塩をふって炒める。炒めて数分すると、きのこから水分が出てくるので、水分が完全に蒸発するまで炒める。

3 マデイラ酒を加え、完全に煮詰める。

4 タイムとローズマリーの葉を摘み取り、1と一緒に加えて1分ほど混ぜ、フライパンを火からおろす。

5 フライパンの中身を、キッチンペーパーを敷いたバットの上に広げて水気を取り、そのまま冷ましておく。

3. フィリングの肉の下ごしらえをする

1 **1**-1の牛フィレ肉はキッチンペーパーペーで全体の水分をふき取り、塩をふって下味をつける。

2 ローストパンかフライパンに植物油30㎖を入れて強火で熱し、トングで肉を転がしながら表面全体を焼きかためる。
※牛肉を入れる前に油が十分に熱せられているか確認する。さもないと、肉がフライパンにこびりついてしまう。また、肉は決して1面5秒以上焼かないように。ここでは肉の中心まで火を通す必要はなく、表面を焼きかためるのが目的。

3 肉をバットに移して冷まし、冷めたら刷毛でマスタードを全体に塗る。

4 台の上にラップを35×50㎝の長方形に切って横長に広げ、その上にもう1枚同じサイズのラップを重ねる。清潔な布きんのせて中心から外へ向かって動かし、気泡を押し出してラップを平らにする。

材料

ラフ・パフ・ペイストリー(p.66、または市販のパイ生地)… ウェリントン本体用500g+デコレーション用300g
溶き卵 … 卵黄4個分+水小さじ4
海塩(フレーク状)… 小さじ1/2
打ち粉(中力粉)… 適量
タイムの花 … 適宜

❀フィリング
牛フィレ(ブロック)… 1kg
プレザオラ(牛の生ハム)… 約20枚(約100g)
ほうれん草の葉(葉の大きなもの)… 500g
植物油 … 30㎖
イングリッシュマスタード … 大さじ1
塩 … 小さじ1
きのこのデュクセル
- 天然のきのこ(数種ミックス)… 300g
- ホワイトマッシュルーム(傘が閉じたもの)… 400g
- ブラウンマッシュルーム … 300g
- バナナエシャロット(またはエシャロット、みじん切り)… 90g
- にんにく(みじん切り)… 1片分
- タイム、ローズマリー … 各20g
- マデイラ酒 … 100㎖
- 植物油 … 40㎖
- 塩 … 小さじ1

*このパイはサイズが大きいため、オーブンに入るよう、あらかじめレシピを半量にして作ったり、生地のサイズとフィリングを半分にしてパイを2個作ることもできますが、このパイは難易度が高く、焼き時間の調整が難しいため、レシピどおりに全量で作ることをおすすめします。

⑤ ラップの上に、ブレザオラを少し重ねながら並べていき、25×35㎝の長方形を形作る。クッキングシートをかぶせ、形を落ち着かせておく（左下）。

⑥ 耐熱の大皿に湿らせた布きんをのせ、ほうれん草の1/3量を広げ、上から湿った布きんをかぶせ、600Wの電子レンジで2～3分ほど加熱する。かぶせた布きんをはずして粗熱を取る。ほうれん草を1枚ずつ丁寧にはがし、乾いた布きんの上に、20×30㎝の長方形になるように並べていく。残りのほうれん草も同様にする。

※電子レンジではなく、熱湯に5秒くぐらせてもよい。その場合、氷水（材料外、適量）の入ったボウルに取って冷やす。

⑦ 長方形に並べたほうれん草の上に乾いた布きんをかぶせ、めん棒を端から端までしっかり転がし、ほうれん草の水気を取りつつ完全に平らにする。かぶせた布きんをそっとはずす（下中央）。

⑧ ほうれん草の下の布きんの両端を持って慎重に持ち上げ、ブレザオラの上にひっくり返してのせる（ほうれん草の下辺とブレザオラの下辺が重なるようにする）。

⑨ 布きんをそっとはずし、ほうれん草の上に**2**のデュクセルを均等に広げ、中央に③の牛フィレ肉を横長にのせる。

⑩ ラップでぐるりと巻き上げる。一番外側のブレザオラが、ほうれん草、きのこのデュクセル、肉を完全に包むようにきつく巻いていく（右下）。巻きおわる手前で、ブレザオラの両端を内側にきれいに折り込む（p.201左上）。引き続き、ラップがブレザオラに巻き込まれないように気をつけながら巻き上げる。

⑪ ラップの両端を折り込んで閉じ、さらにもう1枚別のラップできっちりと巻く。冷蔵庫で一晩冷やしておく。

※さらに別のラップで巻くことで、きれいな円筒形になり、中身がしっかり固定される。

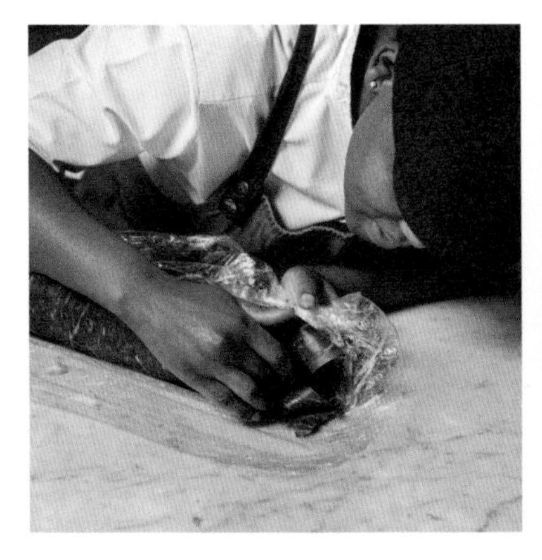

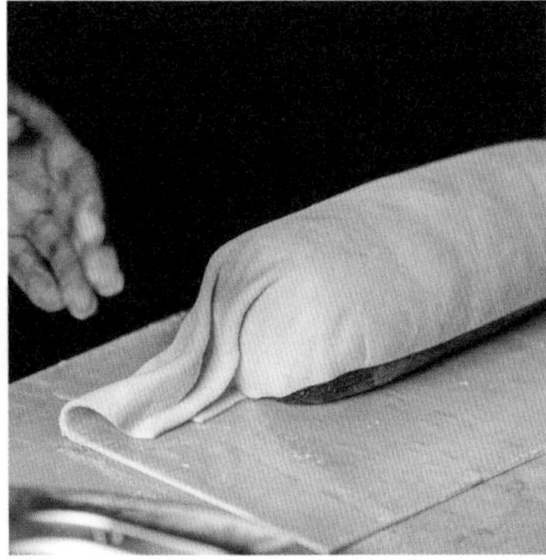

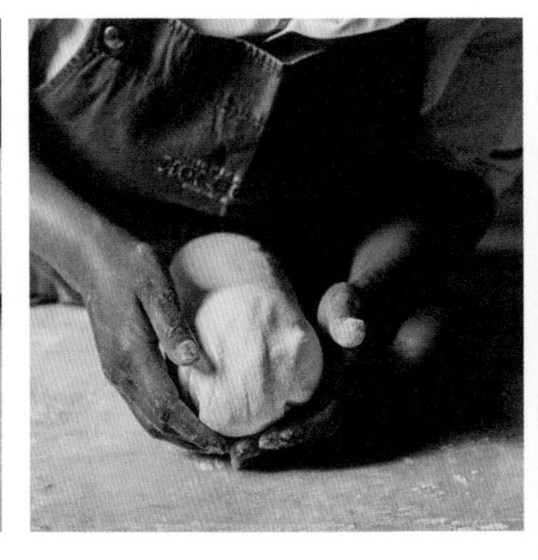

[当日]

4. 生地を成形する

1 軽く打ち粉をしたこね台にデコレーション用の生地をのせ、14×40㎝の長方形にのばす。クッキングシートを敷いた天板の上にのせ、冷蔵庫で30分ほど冷やしておく。

2 軽く打ち粉をしたこね台にウェリントン本体用の生地をのせ、厚さ5㎜以下、35×50㎝の長方形にのばす。余分な粉を払い、表面に溶き卵を薄く塗る。

5. パイを作る

1 前日に下ごしらえをした**3**の肉(ウェリントン)を冷蔵庫から取り出し、ブレザオラを切らないように注意しながらキッチンバサミでラップを切り、ラップを丁寧に取り除く。

2 **4**-2のウェリントン本体用生地の中央に横長にのせ、手前の生地を持ち上げてウェリントンにかぶせ、そのまま巻き込んでいく。巻きおわりはのりしろを4㎝残して切り落とし、のりしろがウェリントンの底にくるようにする。

3 両端の生地を破れないように注意しながらこね台の上に押しつけて、なるべく薄くなるように平らにする。ウェリントンの下に折り込めるくらいの長さを残して(上中央)、余分な生地を切り落としてから、パイ本体の下に折り込む。

4 両端を抱え込むようにしてウェリントンを持ち(右上)、手早くクッキングシートを敷いた天板に移す。表面の余分な粉を払い落とし、溶き卵を全体に塗る(p.202左上)。
※通常、この段階で生地を冷蔵庫に入れて休ませるが、ここでは冷蔵庫に入れて休ませないことが重要。グルテンの張り(張力)を利用することで、生地が中のフィリングに対してしっかりと縮み(収縮)、切り口がきれいになる。

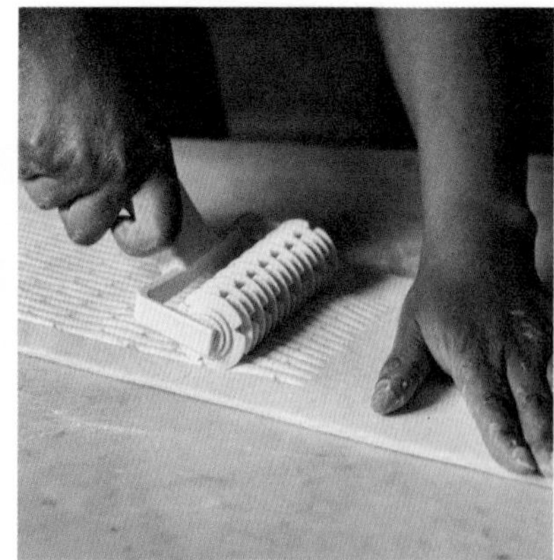

5 **4**-1のデコレーション用の生地を冷蔵庫から取り出し、こね台の上に平らにのせる。メッシュローラーをしっかりかけて網目模様を入れる（上中央）。

6 網目がきちんと開くように、メッシュローラーで入れた切り込みを小型のナイフでなぞる。

7 ウェリントンが縦長になるように天板の向きを変え、表面全体に再び溶き卵を薄く塗る。

8 デコレーション用の生地の網目を広げるようにゆっくり引っ張りながら、ウェリントンの上にかぶせていく（右上）。模様がひし形になるように中央から外側へ向かって均等に広げ、生地の端はウェリントン本体の下に折り込む（p.203左下・下中央）。
※生地の端がきちんと下に収まっていないと、焼いた時に側面にはね上がってしまうので注意。

9 デコレーション用の生地に溶き卵を薄く塗り、冷蔵庫で30分ほど冷やして休ませる。
※溶き卵が網目模様の中にたまってしまわないように注意。

10 オーブンに入れる直前に9を冷蔵庫から取り出し、もう1度溶き卵を塗り、海塩をふりかける。好みで、網目模様の中央にタイムの花を飾ってもOK（p.203右下）。

11 220℃に予熱したオーブン（コンベクションオーブンの場合は200℃）で30分ほど焼き、天板の前後を入れ替えてから、好みの焼き加減に仕上げる（p.203「肉の焼き加減の目安」）。

12 オーブンから取り出し、網に移して最低30分休ませる。
※網にのせると生地の下に空気が循環するため、生地がベタつくのを防げる。

13 パン切りナイフで厚さ3㎝に切り分け、器に盛る。
※真上から見おろすようにして切ると、綺麗に均等に切り分けられる。

肉の焼き加減の目安

ウェリントンの端からデジタル調理用温度計を中心に刺し、肉の中心温度を確認する。
休ませる時間の温度上昇も考慮した上で、以下を焼成温度の目安とする。

ミディアムレア	36℃。休ませている間に45℃まで上昇する。
ミディアム	48℃。休ませている間に52～55℃まで上昇する。
ミディアムウェル	60℃。休ませている間に65～70℃まで上昇する。

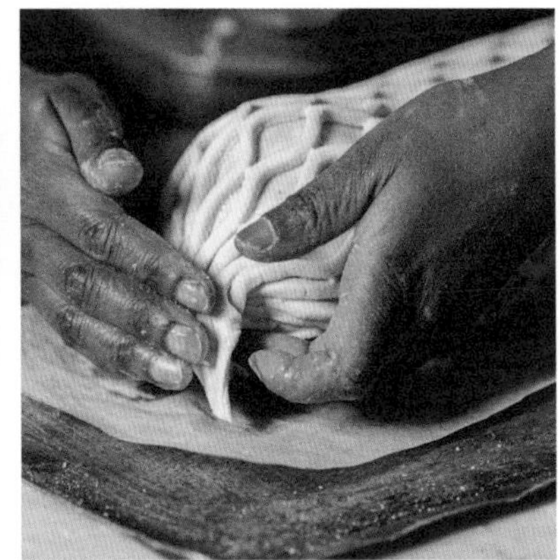

CORONATION CHICKEN PIE

コロネーションチキンパイ

エリザベス2世の戴冠式を記念して、料理学校「コルドン・ブルー」ロンドン校の校長2人が考案した料理。オリジナルレシピは、サルタナレーズン入りのクリーミーなカレー風味のチキンで、スパイスはかなり控えめだが（当時のイギリス人の嗜好にあっていた）、風味は豊か。このデコラティブな冷製パイは、ビュッフェの一品として登場することも多く、実際、パーティーのテーブルの上で驚くほど映える。
オーバル形のパテ・アン・クルート型は、新品をネットで購入するか、アンティークを購入することをおすすめする。できれば波型のタイプだと、パイを型からはずした時に華やかな印象を与えることができる。

6人分（長さ24×高さ8㎝ オーバル形パテ・アン・クルート型[*1] 1台分）

材料

ショートクラスト・ペイストリー（p.56）…800g
バター（室温に戻してやわらかくしたもの、型に塗る分）…10g
溶き卵…卵黄1個分＋水小さじ1
打ち粉（中力粉）…適量

❁フィリング
鶏もも肉（皮なし、骨なし）…600g
鶏むね肉（皮なし、3㎝角）…400g
サルタナレーズン（またはレーズン）…100g
パクチー（茎ごと、粗みじん切り）…40g
赤唐辛子（小口切り）…2本分
ブラックマスタードシード[*2]…10g
ターメリックパウダー…大さじ1
ガラムマサラパウダー…小さじ2
コリアンダーパウダー、クミンパウダー…各小さじ1
塩…20g

❁マンゴーのジュレ
マンゴージュース…250㎖
板ゼラチン…12g

[*1] お手元になかったり、入手できない場合は、入手できる近いサイズのもの、もしくは長さ24×幅8×高さ6㎝パウンド型で代用してください。いずれも、生地やフィリングがあまるなど誤差が生じることがあります。

[*2] マスタードシードで代用できます。

作り方

［前日］

1. 生地を成形して型に敷き込む

①軽く打ち粉をしたこね台にショートクラスト・ペイストリーをのせ、厚さ5㎜の大きな長方形にのばす。

②生地を横長に置き、対角線上に斜めにナイフを入れ、20×50㎝の帯状の生地を1本切り出し、両端は直角になるように切り揃える。大きなクッキングシートの上にのせ（広げた状態で収まらなければ、折りたたんでのせる）、使うまで冷蔵庫で冷やしておく。

③パテ・アン・クルート型の留め具をはずし、パーツごとに分ける。残りの生地（三角形の生地2枚）から、底面にあわせて楕円形2枚を切り出す。
※生地の切り端はあとでデコレーションに使う。

④型を再び組み立て、留め具をはめて固定する。型の内側にバターを塗る。②の帯状生地を冷蔵庫から取り出し、両端を重ねて輪っか状にし、型の側面に沿わせるように慎重に型に入れる。生地の下辺2㎝は、型の底面に折り込んで平らにならす。

⑤生地を型の側面の溝に押しつけながら、型と生地を密着させていく。

⑥型の上部からはみ出した部分の生地に、左右の型のつぎ目のところで切り込みを入れ、生地をゆるませる。

⑦側面の生地は、重なり部分が2㎝になるよう余分な生地をキッチンバサミで切り落とし、重なった2枚の生地をしっかりと押して密着させる。

⑧③の楕円形の生地1枚の縁まわりを1㎝ほど切り落とし、型の底面に敷き込む。底面に折り返した側面の生地の下端と貼りつけながら、型の底面にしっかり押えて密着させる。

⑨生地を敷き込んだ型、③のもう1枚の楕円形の生地（蓋用の生地とする）、生地の切り落とし（あとでデコレーションに使う）を冷蔵庫で30分ほど冷やして休ませる。

2. フィリングを作る

①天板にマスタードシードとスパイス類を広げ、210℃に予熱したオーブン（コンベクションオーブンの場合は190℃）で8分ローストする。

2 鶏もも肉、パクチー、塩をフードプロセッサーの高速で、なめらかなペースト状になるまで攪拌する。

3 ボウルに移し、1のスパイス類を加えてよく混ぜあわせ、鶏むね肉、サルタナレーズン、赤唐辛子を加えて混ぜあわせる。

3. パイを作る

1 **1**-9の生地を敷いた型を冷蔵庫から取り出し、型の縁から1㎝下のところまで**2**のフィリングを詰める。

2 蓋用の生地をかぶせて蓋をし、溶き卵を薄く塗る。土台の生地の型からはみ出た部分と貼りあわせ、縁飾りを施して(p.32)周囲をぐるりと閉じる。再び冷蔵庫に入れ、20分ほど冷やして休ませる。

3 2を冷蔵庫から取り出し、蓋用の生地に好みのデコレーションを施して(p.33)、表面全体に溶き卵を薄く塗る。
※ここでは、フィリングの風味をイメージさせるような、インドのカシミール地方のショールによく見られるペイズリー柄を施した。

4 空気穴を3つ開ける(p.81、**4**-4)。

5 5㎝程度の煙突を作り、空気穴に刺し込み、生地から出た部分を軽く広げる(p.81、**4**-5)。冷蔵庫に戻して20分ほど冷やして休ませる。

6 5を冷蔵庫から取り出し、もう1度溶き卵を塗る。

7 天板にのせ、210℃に予熱したオーブン(コンベクションオーブンの場合は190℃)で、黄金色の焼き色がつくまで1時間〜1時間15分焼く(目安は、フィリングの中心温度が63℃以上)。

8 オーブンから取り出し、型に入れたまま網に移し、完全に冷めてから冷蔵庫で一晩休ませる。

[当日]

4. ジュレを作る

1 小さなボウルに板ゼラチンを入れてかぶるくらいの水(材料外、適量)を注ぎ、ゼラチンをふやかす。

2 小鍋にマンゴージュースを入れて弱火にかけ、3分ほど温める。

3 1のゼラチンの水気を絞って2に加え、ゼラチンが溶けるまでホイッパーでよく混ぜる。粗熱が取れるまでおいておく。

5. パイを仕上げる

1 **4**のジュレを**3**のパイの煙突から、入らなくなるまで静かに流し込む。冷蔵庫に入れ、最低30分ほど冷やす。
※できれば、じょうごを使って流し込む。

2 パイを型から出し、パン切りナイフで厚めに切り分け、器に盛る。

DESSERTS

デザート

ORANGE & GOLDEN SYRUP STEAMED PUDDING

オレンジ＆ゴールデンシロップ風味のスチームドプディング

スチームドプディングにオレンジを加えると、濃厚な味わいに酸味が加わり、食卓に爽やかな香りが広がる。

4人分（1.2ℓプディングボウル*1 1台分）

材料

セルフライジングフラワー*2 … 180g
ソフトブラウンシュガー（または三温糖）… 130g
ゴールデンシロップ（またはメープルシロップ）… 110g
オレンジの皮（すりおろしたもの）… 2個分
バター（室温に戻してやわらかくしたもの）… 190g＋15g（型に塗る分）
牛乳 … 20㎖
卵（溶きほぐしたもの）… 3個分

❋ソース＆シロップ

ゴールデンシロップ … 30g
カスタードソース（p.260）… 適量

作り方

1. 下準備をする

1 セルフライジングフラワーはふるっておく。
2 プディングボウルの底面の大きさにあわせ、クッキングペーパーを円形に切る。
3 プディングボウルの口径の2倍の大きさの円形にクッキングシートを2枚、アルミ箔を1枚切る。アルミ箔の上にクッキングシート2枚を重ね、一番上のクッキングシートにバターを塗る。3枚重ねた状態で、中央を2㎝山折りにしてから倒してひだを作る。

2. プディングの生地を作る

1 ボウルにシロップ半量とバター、砂糖、オレンジの皮を入れて、軽く角が立つクリーム状になるまでホイッパーで力強くかき立てる。
2 卵の半量を加えてホイッパーでよく混ぜ、なじんだら**1**-1の粉の半量を加えてよく混ぜる。残りの卵と粉も同様にして混ぜる。
3 牛乳を加え、ホイッパーで力強くかき立てるように1分ほど混ぜ、なめらかでもったりとした生地に仕上げる。

3. プディングを作る

1 プディングボウルにバターを塗り、底面に**1**-2のクッキングシートを敷く。しわや折り目がつかないように、ぴったりと底に貼りつけるようにして敷き込む。
2 プディングボウルに残りのシロップを注ぐ。
3 **2**の生地を流し込み、スパチュラで表面をならす。
4 **1**-3のクッキングシートとアルミ箔の蓋をボウルの上にかぶせる（アルミ箔の面が外側にくる）。
5 調理用糸をボウルの縁まわりに巻いて縛り、クッキングシートとアルミ箔の蓋をしっかりと固定する。縛った糸の一方から糸を上部に渡し、反対側で結んで持ち手とする。
※持ち上げた時に糸が切れてしまわないよう、しっかり結んで固定する。
6 蓋つきの鍋（プディングボウルを入れた時に、まわりに少しスペースができるくらいの大きさ）に水（材料外、プディングボウルを入れた時に3/4がつかる程度）を注いで強火にかけ、沸騰したら静かにプディングボウルを入れる。
※クッキングシートとアルミ箔の蓋が湯と触れていないか確認し、触れていたら湯量を減らす。
7 鍋に蓋をし、火を弱めて1時間半ほど蒸す（目安は、蓋の上から金串を刺し、引き抜いてなにもついてこなければOK。串に生地がつく場合は、鍋に戻してさらに火を通す）。
※温度が下がると膨らみがしぼんでしまう場合があるので、最初の30分は鍋の蓋を決してはずさずにおく。30分すぎたら定期的に鍋の湯量を確認し、必要であれば熱湯（材料外、適量）を注ぎ足す。この時、アルミ箔とクッキングシートの蓋に湯がかからないように注意する。
8 鍋から取り出し、5分ほど休ませてからアルミ箔とクッキングシートの蓋をはずす。プディングボウルの縁に薄刃のナイフを刺し込み、1周ぐるりと、側面に沿わせながらゆっくりナイフを動かしていく。
9 皿をプディングボウルの上にかぶせ、布きんで手を保護しながら素早くボウルをひっくり返し、プディングを皿の上に取り出す。
10 ゴールデンシロップを上からかけ、カスタードソースを添える。

*1 お手元になかったり、入手できない場合は、入手できる近いサイズのもの、もしくは同じ容量の耐熱ボウルで代用してください。

*2 入手できない場合は、中力粉180g、ベーキングパウダー小さじ2弱、塩ひとつまみを混ぜたもので代用できます。

PANETTONE & GIANDUJA PUDDING

パネトーネ＆ジャンドゥーヤ風味のプディング

このプディングは、うちのチームのイタリア人シェフが、クリスマスにプレゼントしてくれたパネトーネがきっかけで誕生した。私はそのパネトーネをトーストしては、温かいうちにジャンドゥーヤを塗って食べるのにハマった。クリスマス翌日のボクシングデーの夜、家族で映画を観ながら食べるのにうってつけだったが、さらにひと手間かけてプディングにバージョンアップしてみた。今では、私のレパートリーの中で最もホッとするレシピの1つになっている。
パネトーネは簡単に手に入るが、本格的なジャンドゥーヤは見つけるのが難しい。ヘーゼルナッツ風味のチョコレートスプレッドでも代用できるが、なるべく本物を使ってほしい。ヘーゼルナッツの風味に大きな違いがある。

4人分（850㎖耐熱皿*1枚分）

材料

パネトーネ … 350g（中サイズのパネトーネ約半個分）
ジャンドゥーヤ（またはヘーゼルナッツ風味のチョコレートスプレッド）… 100g
バター（室温に戻してやわらかくしたもの）… パネトーネに塗る分50g＋耐熱皿に塗る分10g
粉糖 … 10g

✽アパレイユ
卵 … 2個
ダブルクリーム（生クリーム48%）… 150㎖
牛乳 … 200㎖
グラニュー糖 … 20g
バニラビーンズ … 1本

作り方

1. 下準備をする

1 アパレイユのバニラビーンズは縦半分に割き、種をこそいでおく。
2 パネトーネはパン切りナイフで厚めにスライスし、それぞれさらに4つに切り分ける。

2. アパレイユを作る

ボウルに卵を割り入れて溶きほぐし、ダブルクリーム、牛乳、砂糖、**1**-1のバニラビーンズを加え、砂糖が溶けるまでホイッパーでよく混ぜる。

3. プディングを作る

1 **1**-2のパネトーネを天板の上に並べ、190℃に予熱したオーブン（コンベクションオーブンの場合は170℃）で、表面が軽くカリッとするまで10分ほど焼く。
2 それぞれのパネトーネの片面にバターを塗り、上からさらにジャンドゥーヤを塗る。
3 耐熱皿にバターを塗り、ジャンドゥーヤを塗った面を上にしてパネトーネを並べる。
4 **2**のアパレイユをパネトーネの上から均等にまわしかける。
5 ローストパンに耐熱皿をのせ、熱湯（材料外、適量）を耐熱皿の高さの半分まで注ぐ。
6 天板にのせ、190℃に予熱したオーブン（コンベクションオーブンの場合は170℃）で、表面に黄金色の焼き色がつき、パリっとかたくなるまで40分ほど焼く。
7 オーブンから取り出して10分ほど休ませたら、粉糖をかける。
※ちなみに私は、粉糖をかけずに、熱々のうちに食べるのが好きだ。

*お手元になかったり、入手できない場合は、入手できる近いサイズのもの、もしくは同じ容量のグラタン皿などで代用してください。

APRICOT & LEMON THYME COBBLERS

レモンタイム風味のアプリコットのコブラー

フルーツのクランブル×フルーツタルトという、私の好きな2つを「いいとこどり」したデザート。
学校を卒業してすぐに、カナダのアルバータ州のレストランで働いていた時に、コブラーを出していたことを思い出す。コブラーといえば、表面にダンプリングをのせたものと、クランブルで覆ったものがあるが、このレシピは後者のタイプだ。
イギリス人の私としては、このデザートにカスタードソースを添えてほしいが、バニラアイスクリームを熱々のコブラーにのせ、溶かしながら食べてもおいしい。すぐに食べない分は冷凍しておくとよいだろう。

12個分（6個取りマフィン型2台分）

材料

スイート・ショートクラスト・ペイストリー（p.58）… 500g
アプリコット … 15個
グラニュー糖 … 60g
バニラビーンズ … 1本
バター（室温に戻してやわらかくしたもの、型に塗る分）、打ち粉（中力粉）… 各適量
レモンタイムの葉、バニラアイスクリーム … 各適宜

✽クランブル
中力粉 … 100g
バター … 80g
グラニュー糖 … 80g
アーモンドプードル … 80g
アーモンドスライス … 10g

✽ソース
カスタードソース（p.260）… 適宜

作り方

1. 下準備をする

1. アプリコットは半分に切り、種を取り除く。
2. バニラビーンズは縦半分に割き、種をこそいでおく。
3. クランブルのバターは1㎝角に切り、使うまで冷蔵庫で冷やしておく。
4. 天板2枚にそれぞれクッキングシートを敷いておく。
5. クッキングシートをマフィン型にあわせて円形に12枚切り出しておく。

2. 生地を成形して型に敷き込む

1. 軽く打ち粉をしたこね台にスイート・ショートクラスト・ペイストリーをのせ、厚さ5㎜にのばす。マフィン型に敷き込むのに十分な大きさの円形を12枚切り出す。
2. 型にバターを塗り、生地を敷き込み（生地がよれたり、空気が入ったりしないよう注意）、冷凍庫に30分ほど入れて、生地がかたくなるまで冷やしておく。

3. クランブルを作る

1. ボウルにクランブルの材料すべを入れ、両手を軽くすりあわせるようにしてバターと粉類を混ぜる。
2. **1**-4の天板の1枚にクランブルを広げ、もう1枚の天板には**1**-1のアプリコットを切り口を下にして並べる。
3. **2**-2の型を冷凍庫から取り出し、**1**-5のクッキングシートを敷き、重石を詰める。
4. 別の天板に3をのせ、180℃に予熱したオーブン（コンベクションオーブンの場合は160℃）で20分空焼きする。オーブンから取り出し、クッキングシートごと重石をはずす。
5. オーブンに2のアプリコットの天板を入れ、10分焼いたらアプリコットをひっくり返し、さらに10分焼く。オーブンから取り出してボウルに移す。冷めきらないうちにグラニュー糖をふりかけ、**1**-2のバニラビーンズを加え、木べらでアプリコットを軽くつぶしながら混ぜあわせる。
6. オーブンに2のクランブルの天板を入れ、10分焼いたらスプーンでやさしくかき混ぜて均一に火が入るようにし、さらに10分焼く。オーブンから取り出し、少し冷ましておく。
7. オーブンの温度を200℃（コンベクションオーブンの場合は180℃）に上げ、4のマフィン型をのせた天板をオーブンに戻してさらに5分、生地にムラなくきれいな焼き色がつくまで焼く。オーブンから取り出しておく。
8. 7のそれぞれの生地に5のアプリコットを詰め、上に6のクランブルを広げる。
9. 器に盛り、好みでレモンタイムの葉を飾り、カスタードソースかバニラアイスクリームを添える。※温かいうちにいただくのがベストだが、冷めてもおいしい。

GLAZED APPLE TART

アップルタルト キャラメル風味のグラサージュ仕立て

このタルトは、クラシックかつ上品なアップルパイで、デザートにぴったりだ。砂糖を加熱してキャラメリゼしているので、風味はタルト・タタンに似ている。クロテッドクリームを添えると、りんごの甘みとバランスが取れる。

6人分（直径24㎝パイ皿1台分）

材料

パフ・ペイストリー（p.63、または市販のパイ生地）… 300g
フランジパーヌ（p.261）… 200g
りんご（ピンクレディまたはグラニースミス）… 6〜8個
バター（食塩不使用、室温に戻してやわらかくしたもの）… 80g
グラニュー糖 … 80g
粉糖 … 20g
打ち粉（強力粉または中力粉）… 適量

✽クリーム

クロテッドクリーム（市販品）… 適量

作り方

1. 下準備をする

りんごは皮をむいて芯を取り、厚さ2㎜にスライスしておく。

2. 生地を成形する

1 軽く打ち粉をしたこね台にパフ・ペイストリーをのせ、厚さ5㎜ほどの大きな円形にのばす。クッキングシートを敷いた天板にのせ、冷蔵庫で15分（冷凍庫なら10分）ほど冷やして休ませる。

2 1を冷蔵庫（冷凍庫）から取り出してこね台にのせ、余分な生地を切り落として直径24㎝の円形に整える。冷蔵庫に戻して15分（冷凍庫なら7分）冷やして休ませる。

3. タルトを作る

1 **2**-2の生地を冷蔵庫から取り出し、縁まわりに2㎝の余白を残してフランジパーヌを均一に広げる。

2 ボウルに砂糖とバターを入れ、ゴムベラですりあわせるように混ぜてペースト状にする。

3 **1**のりんごを、生地の外側から中心にむかってらせん状に並べていく。まずは1/4量を、フランジパーヌの縁に沿わせながら少し重ねて並べ、2のバターペーストをざっと塗る。残りも同様に、りんごを並べてはペーストを塗り、表層のりんごが均一にペーストで覆われるようにする。

4 200℃に予熱したオーブン（コンベクションオーブンの場合は180℃）で、生地がカリッとしてりんごが軽くキャラメリゼするまで30分ほど焼く。

5 オーブンからいったん取り出し、りんごの表面に茶漉しなどで粉糖をふり、クッキングシートをかぶせ、その上に平らな板をのせる。

6 天板と板でタルトをはさんだ状態のまま、素早くひっくり返す。天板を軽く押してからはずし、生地からクッキングシートをはがす。

7 タルトをクッキングシートごと天板にすべり込ませるようにして移し、再びオーブンに入れ、20分焼く。

8 オーブンから取り出し、タルトの上に大皿をのせ、再びタルトをひっくり返す。りんごが十分にキャラメリゼされていればOK。
※焼き色が薄ければ、再度タルトをひっくり返し、さらに10分ほどオーブンで加熱する。

9 温かいうちに切り分け、器に盛り、クロテッドクリームを添える。

RHUBARB & CUSTARD TART

ルバーブのカスタードタルト

このタルトは、イングランド北部ヨークシャー地方の名産である、促成栽培のルバーブが最盛期を迎える1月中旬から3月頃に作っている。旬のルバーブは鮮やかなピンク色で、とても美しい。ルバーブは旬でなくてもおいしいが、もしどうしても鮮やかなピンク色に仕上げたい場合は、ルバーブを煮る時にグレナデンシロップを少量加えるとよい。
チョコレート風味でもカスタードでもレモン風味でも、冷蔵庫で冷やしたタルトは食感も香りも変わってしまうので、うちの店ではそうしたタルトは絶対に出さない。閉店時に残ったタルトもスタッフで分けるので、翌日お客さまに提供するのは常に焼き立てだ。我が家でも、「タルトは残しちゃいけない」と妻に口をすっぱくして言っている。ルールはルールだのだ。

4人分（長さ35×幅12㎝長角タルト型* 1台分）

材料

スイート・ショートクラスト・ペイストリー（p.58）… 400g
バター（室温に戻してやわらかくしたもの、型に塗る分）… 10g
レモンタイムの葉 … 2枝分

❁カスタードクリーム
牛乳 … 150㎖
ダブルクリーム（生クリーム48%）… 150㎖
ゴールデン・カスターシュガー（または細目のグラニュー糖）… 70g
バニラビーンズ … 1本
卵 … 2個

❁ルバーブのシロップ煮
ルバーブ … 500g
オレンジの皮（すりおろしたもの）と絞り汁 … 1個分
グラニュー糖 … 30g
水 … 30㎖

*お手元になかったり、入手できない場合は、入手できる近いサイズのもので代用してください。その場合、生地があまるなど誤差が生じることがあります。

作り方

1. 下準備をする

1 カスタードクリームのバニラビーンズは縦半分に割き、種をこそいでおく。

2 シロップ煮のルバーブは皮をむき、長さ約6㎝に切る。
※皮も使うので取っておく。

2. タルト生地を作る

1 スイート・ショートクラスト・ペイストリーを、厚さ5㎜、「型の底面＋側面＋2㎝」の長方形にのばす。

2 バターを塗った型に生地をかぶせ、型の隅を指で押えながらきっちり敷き込む。冷蔵庫に入れて30分冷やして休ませる。

3 2を冷蔵庫から取り出し、生地が型の隅までしっかり入り込んでいることを確認したら、縁からはみ出している生地を切る。生地の底面をフォークでくまなく刺して穴を開け、生地にクッキングシートを敷き、重石を広げてのせる。

4 天板にのせ、200℃に予熱したオーブン（コンベクションオーブンの場合は180℃）で12分ほど空焼きする。クッキングシートごと重石を取り除き、きれいな焼き色がつくまでさらに5分焼く。
※焼き色が薄い場合は、さらに数分焼く。ひびが入っている場合は、溶き卵（材料外、卵黄1個分＋水小さじ1）を塗って埋め、オーブンに戻して2分ほど加熱して溶き卵を塗った部分をかためる。

3. カスタードクリームを作る

1 鍋に牛乳、ダブルクリーム、砂糖を入れ、1-1のバニラビーンズを加えて混ぜる。

2 鍋を中火にかけ、スパチュラで混ぜながら沸騰直前まで温める。

3 ボウルに卵を割りほぐし、ホイッパーで白っぽくなるまで力強くよくかき混ぜ、2を少量ずつ加えながらよく混ぜあわせる。ピッチャーに移しておく。

4. ルバーブのシロップ煮を作る

1 鍋に1-2で取っておいたルバーブの皮、オレンジの皮と絞り汁、砂糖、水を入れて弱火にかけ、砂糖が溶けるまでゆっくり温める。

2 鍋の中身をザルにあげ、レードルで押しながらシロップをボウルに漉し入れる。漉したシロップは鍋に戻す。

3 シロップの入った鍋を再び中火にかけ、沸いてきたら、1-2のルバーブの半量を入れ、やわらかくなるまで1分ほど煮る。

4 穴あきレードルでルバーブを丁寧に取り出し、キッチンペーパーに取って水気をおさえる。残りのルバーブも同様に煮る。

5 シロップをやや強火にかけて火力を強めて煮詰める。

5. タルトを作る

1 3のカスタードを2-4の生地の3/4の高さまで流し込む。

2 170℃のオーブン（コンベクションオーブンの場合は150℃）で25分ほど焼く。
※天板をゆすってカスタードがほぼかたまってはいるが、中央が少し揺れるようであればOK。焼け具合が足りない場合はオーブンに戻し、5分おきに焼け具合を確認する。

3 オーブンから取り出し、型に入れたまま粗熱を取る。

4 カスタードの上に4-4のルバーブを縦2列に並べ、4-5のシロップを刷毛で薄く塗る。

5 レモンタイムの葉を飾り、タルトが完全に冷めたら型からはずして器に盛る。

PECAN & FRANGIPANE TART

ピーカンナッツ＆フランジパーヌのタルト

はちみつでキャラメリゼしたピーカンナッツを加えることで、シンプルでクラシックなタルトが、食べ出したらとまらないやみつきタルトにバージョンアップした。フランジパーヌは軽いクリームなので、リッチな味わいをもたらしながらも、他の素材の持ち味を損なうことはない。
切り分けて器に盛ったら、味わいのまとめ役として、いくらかのフルーツと、なにかしらのクリームを添えて欲しい。ここでは、フレッシュなラズベリーとクロテッドクリームをあわせた。

6〜8人分（直径24㎝底取れ式タルト型* 1台分）

材料

スイート・ショートクラスト・ペイストリー（p.58）… 400g
バター（室温に戻してやわらかくしたもの、型に塗る分）… 5g
打ち粉（中力粉）、ラズベリー … 各適量

❀ピーカンナッツ入りフランジパーヌ

ピーカンナッツ … 200g
アーモンドプードル … 110g
アーモンドスライス … 25g
卵（溶きほぐしたもの）… 3個分
はちみつ（液状）… 大さじ1
バター（室温に戻してやわらかくしたもの）… 110g
グラニュー糖 … 110g
粉糖 … 適量

❀クリーム

クロテッドクリーム（市販品）… 適量

作り方

1. タルト生地を作り、ピーカンナッツの下準備をする

1 軽く打ち粉をしたこね台にスイート・ショートクラスト・ペイストリーをのせ、厚さ1㎝の大きな円形にのばす。クッキングシートを敷いた天板にのせ、冷蔵庫で30分（冷凍庫なら15分）冷やして休ませる。

2 タルト型にバターを塗る。1の生地を冷蔵庫から取り出し、めん棒で巻き取って、型の上に生地を巻き戻しながら広げ、生地を型の側面と角にしっかりと押えつけながら、きっちりと敷き込む。

3 フォークで生地の底面をまんべんなく刺して穴を開け、冷蔵庫に入れて20分ほど冷やして休ませる。

4 3の型を冷蔵庫から取り出し、型の縁からはみ出た余分な生地を切り落とし、クッキングシートを敷き、重石を広げてのせる。

5 天板にのせ、210℃に予熱したオーブン（コンベクションオーブンの場合は190℃）で15分ほど空焼きする。

6 ピーカンナッツとはちみつを混ぜあわせ、クッキングシートを敷いた別の天板に広げる。

7 4の生地からクッキングシートごと重石をはずしてオーブンに戻し、10分焼く。オーブンから取り出し、粗熱を取る。

8 オーブンにピーカンナッツの天板を入れ、10分焼く。オーブンから取り出し、粗熱を取る。

2. フランジパーヌとタルトを作る

1 ボウルにバターと砂糖を入れ、白っぽくなるまで泡立てる（手立てなら10分ほど、電動ミキサーの中速なら5分ほど）。ゆっくりと泡立てながら、卵を徐々に加え、アーモンドプードルを混ぜ、フランジパーヌを作る。

2 **1**-7のタルト型に1のフランジパーヌを流し込み、**1**-8のピーカンナッツを表面に均等に広げて軽く押し込み、アーモンドスライスを散らす。

3 200℃に予熱したオーブン（コンベクションオーブンの場合は180℃）で35分ほど、フランジパーヌがふくらんで黄金色の焼き色がつくまで焼く。

4 オーブンから取り出し、型からはずす。

5 温かいうちに切り分けて器に盛り、粉糖をふりかけ、ラズベリーとクロテッドクリームを添える。

*ご使用の型によっては生地があまるなど誤差が生じることがあります。

FIG, HONEY & PISTACHIO CLAFOUTIS

ハニー風味のいちじく＆ピスタチオのクラフティ

ふっくらと熟した旬のいちじくに、ピスタチオとはちみつをあわせると、素晴らしいクラフティができる。クラフティをおいしく作るコツは、フルーツをローストして水分を減らしてから生地に混ぜ込むこと。焼いた時にフルーツの水分がアパレイユにしみ込まず、よりよいテクスチャーになる。もう1つのポイントは、バターを黄金色に色づけること。これにより、ナッティーな風味がもたらされる。

4人分（直径20㎝耐熱皿1枚分）

材料

いちじく（完熟）…8個
ピスタチオ（殻なし、粗みじん切り）…25g
バター（室温に戻してやわらかくしたもの、耐熱皿に塗る分）…10g
はちみつ…大さじ2
グラニュー糖、粉糖…各10g

✿アパレイユ
中力粉（ふるったもの）…20g
グラニュー糖…50g
バター…20g
卵…2個
バニラビーンズ…1本
牛乳…大さじ4
ダブルクリーム（生クリーム48%）…大さじ4

✿クリーム
クロテッドクリーム（市販品）…適量

作り方

1. 下準備をする

1 アパレイユのバニラビーンズは縦半分に割き、種をこそいでおく。
2 いちじくは鋭利なナイフで縦半分に切り、切り口を上にしてクッキングシートを敷いた天板に並べ、砂糖10gをふりかける。220℃に予熱したオーブン（コンベクションオーブンの場合は200℃）で12分ほどローストする。オーブンから取り出して、冷ましておく。

2. アパレイユを作る

1 鍋にバターを中火で溶かし、茶色く色づきはじめるまで熱する。色が変わったらすぐに火からおろし、小さなボウルに移して火入りをとめ、そのままおいて少し冷ます。
※焦がさないように注意。
2 別のボウルに卵を割り入れ、**1**-1のバニラビーンズと砂糖を加える。ホイッパーで空気を含ませるように泡立て、ボリュームが出るまで5分以上泡立てる。
3 中力粉を加え、スパチュラで気泡をつぶさないようにしながら、粉っぽさがなくなるまでさっくり混ぜあわせる。
4 1のバター、牛乳、ダブルクリームを加えて混ぜあわせる。

3. クラフティを作る

1 耐熱皿にバターを塗り、**2**のアパレイユを流し込み、**1**-2のいちじくを並べる。
2 200℃のオーブン（コンベクションオーブンの場合は180℃）で25分ほど焼く。
3 オーブンからいったん取り出し、ピスタチオを表面に散らし、耐熱皿の前後を入れ替えてオーブンに戻し、アパレイユの中心部分が盛り上がってくるまで15分ほど焼く。
※まだ液状の部分が残っている場合は、さらに5分ほど焼く。
4 3をオーブンから取り出し、そのまま10分ほど休ませる。
5 クラフティを型から取り出し、はちみつをかけて粉糖をふりかける。
6 切り分けて器に盛り、クロテッドクリームを添える。

SIDE DISHES

サイドディッシュ

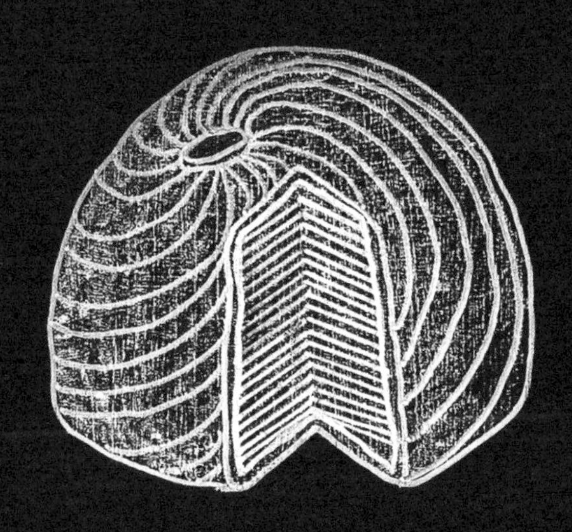

p.230（上から）：鴨のコンフィのハッシュドポテト（p.233）、クラップショット（p.232）、赤キャベツの蒸し煮（p. 232）
上：バブル・アンド・スクウィーク（p.235）
下：ハッセルバックポテト（p.234）

CLAPSHOT

クラップショット

オークニー諸島で生まれた伝統的なスコットランド料理。主にスコットランド詩人ロバート・バーンズの生誕や詩を祝う日バーンズナイトに、ハギスと一緒に供される。マッシュポテトの代わりに、ひき肉料理やソーセージなどに添えてもよい。

6人分

材料

ルタバガ（スウェーデンカブまたはカブ）… 600g
じゃがいも（キタアカリまたは男爵）… 450g
バター … 80g
牛乳 … 大さじ4
タイムの葉（みじん切り）… 2枝分
塩、黒こしょう（挽きたて）… 各小さじ1/3

作り方

1. 下準備をする

1 ルタバガとじゃがいもは2㎝大に切る。
2 バターは室温に戻してやわらかくしておく。
3 牛乳は人肌ぐらいに温めておく。

2. クラップショットを作る

1 **1**-1のルタバガとじゃがいもは別々の鍋でゆで、それぞれ水気をよく切る。
※ゆで加減は、それぞれ鋭利なナイフを刺してすっと通ったらOK。ルタバガは25分ほど、じゃがいもは15分ほどが目安。
2 1をボウルに移し、バター、牛乳、タイム、塩、こしょうを加え、マッシャーかフォークで粗めにつぶす。
※少し食感が残っている方がおいしいので、あまりつぶしすぎないよう注意。

BRAISED RED CABBAGE

赤キャベツの蒸し煮

クリスマス・ディナーや毎週日曜日に食されるサンデーローストのつけあわせによく供される一品。チキンやハムなどのコールドミートとの相性も抜群で、甘味と酸味がバランスよく味わえる。

8人分

材料

赤キャベツ（大）… 1/2個（約600g）
玉ねぎ（大）、りんご（調理用、甘味が少なくて酸味があるもの）… 各1個
赤ワイン … 150㎖
白ワインビネガー、オリーブオイル … 各20㎖
バター … 20g
シナモンスティック … 1/2本
ナツメグ … 1/4個
ソフトブラウンシュガー（または三温糖）… 大さじ2
塩 … 小さじ1/2

作り方

1. 下準備をする

1 赤キャベツは芯を取り、葉を千切りにする。
2 玉ねぎは皮をむいてスライスする。
3 りんごは皮をむいてすりおろす。
4 ナツメグはすりおろす。

2. 蒸し煮を作る

1 蓋つきの大鍋にすべての材料を入れて強火にかけ、沸騰したら弱火にして蓋をし、途中20～30分ごとにかき混ぜながら1時間半ほど煮る。
2 鍋の蓋をはずし、煮汁がなくなるまで煮る。

CONFIT DUCK HASH

鴨のコンフィのハッシュドポテト

鴨をあわせたこのハッシュドポテトは、肉のローストのつけあわせとしてはもちろん、ポーチドエッグや目玉焼きと楽しんだり、野菜やマスタードソースを添えてメインディッシュとすることもあり、極めて活用度が高い。黄金色に焼き上げる秘訣は、じゃがいもの水分を可能な限り取り除くことだ。

サイドディッシュの場合8人分、メインディッシュの場合4人分

材料

じゃがいも（男爵、大）… 1.2kg
ローズマリーの葉 … 2枝分
塩 … 小さじ2
黒こしょう（挽きたて）… 適量
鴨のコンフィ
　鴨もも肉 … 2本（440g）
　鴨脂 … 500g

作り方

1. 下準備をする

1 じゃがいもはチーズグレーター（多面式タイプの粗目）で粗くすりおろしてボウルに入れ、塩を加えてよく混ぜる。ザルにあげ、そのまま10分おいて水気を切る。じゃがいもひとつかみを布きんに取り、残った水分をしっかり絞る。残りのじゃがいもも同様にする。

2 ローズマリーの葉はみじん切りにする。

2. 鴨のコンフィを作る

1 鴨肉がきれいに収まるサイズの蓋つきの厚底鍋を用意し、鍋底に円形に切ったクッキングシート敷き、その上に鴨脂をのせる。

2 1の鍋を天板にのせ、180℃に予熱したオーブン（コンベクションオーブンの場合は160℃）で5分ほど加熱し、脂が溶けたら鴨肉を並べる。クッキングシートを円形に切り、鴨肉を覆うようにかぶせて紙蓋をする。

3 2の鍋をオーブンに戻して1時間半ほど、鴨肉がやわらかくなるまで加熱する。肉が骨からすっとはずれない場合は、オーブンでさらに20分ほど加熱する。

4 3をオーブンから取り出し、鴨肉をバットに移して、冷ましておく。
※鍋の脂はこのあと使うので取っておく。あまったら、鍋ごと取っておくと（冷蔵庫で1か月保存可能）、じゃがいもや野菜のローストなどにも使える。

3. ハッシュドポテトを作る

1 ボウルに **1**-1のじゃがいもと **2**-4の鍋に溶け残った鴨脂150gを入れ、よく混ぜあわせる。ローズマリーと、黒こしょうをたっぷり加えて味を調える。

2 **2**の鴨肉から骨からはずして皮を取り除き、肉を軽くほぐす。

3 2の肉を1に加えて混ぜ、8等分にする。それぞれ円盤状に成形し、バットに並べる。

4 フライパンを中火にかけ、**2**-4の鴨脂を大さじ山盛り1杯入れて熱し、3を3枚ずつ丁寧に入れる。スパチュラで表面を軽くおさえ、黄金色の焼き色がつくまで片面3分ずつ焼き、ローストパンに移す。焼き色が薄い場合は、さらに片面1分程度ずつ焼く。残りも同様に焼く。
※あまり潰しすぎると、じゃがいもが詰まった感じになってしまうので注意。

5 200℃に予熱したオーブン（コンベクションオーブンの場合は180℃）で10分ほど焼き、中までしっかり火を通す。

HASSELBACK POTATOES

ハッセルバックポテト

イギリスの主食はじゃがいも。外はカリッと中はふわっとさせたポテトになるように、熱々のオイルでコーティング後、高温のオーブンで焼き上げるのが主流だったが、近年、ここで紹介するスウェーデンの伝統的なローストポテトが人気を集めている。

4人分

材料

じゃがいも（キタアカリまたは男爵、中、皮ごと）… 1kg
にんにく（軽くつぶしたもの）… 2片分
ローズマリー … 2枝
タイム … 8枝
バター … 60g
植物油 … 40㎖
塩 … 小さじ3/4

作り方

［ 前日の晩または当日の朝 ］

1. 下準備をする

1 じゃがいもは皮つきのまま、それぞれ安定して置けるように一方の長辺を切り落とす。

2 1のじゃがいもを切り口を下にして横長に置き、切り口から1㎝ほど上のところに、左右を貫通するように長い金串を1本刺す。
※このあとじゃがいもに切り込みを入れる際、この金串の位置までナイフを入れると、下まで切ってしまう心配がなく、均等に切り込みを入れることができる。

3 じゃがいもに均等に切り込みを入れる：まず、じゃがいもの中央に串のところまで垂直にナイフを入れる。次に、この中心線に対してやや斜めになるように、3㎜間隔でナイフを入れていく。その都度、金串のところまで切り込みを入れる。端まで切り込みを入れたら、金串をはずす。残りも同様に切り込みを入れる。
※中心の切り込みに対してやや斜めに切り込みを入れていくことで、じゃがいもを焼いた時に蛇腹状に開く。

4 3を大きな容器に入れ、流水をあてて5分ほど冷やす。たっぷりの水を注ぎ、使うまで冷蔵庫に入れておく。

［ 当日 ］

2. ハッセルバックポテトを作る

1 **1**のじゃがいもを冷蔵庫から取り出し、水気をよく切る。

2 ローストパンに植物油とバターを入れて天板にのせ、210℃に予熱したオーブン（コンベクションオーブンの場合は190℃）で数分加熱し、バターを溶かす。

3 じゃがいもを切り口を下にして並べ、オーブンで20分ほど焼く。

4 いったんオーブンから取り出し、バターの焼き汁をじゃがいもにかけ、塩を均等にふりかけ、再びオーブンに入れて15分ほど焼く。

5 4をオーブンから取り出し、じゃがいもに焼き汁をかけ、ローズマリー、タイム、にんにくを加えてオーブンに戻し、さらに15分ほど焼く。

6 5をオーブンから取り出し、もう1度焼き汁をじゃがいもにかけ、器に盛る。

BUBBLE & SQUEAK

バブル・アンド・スクウィーク

ローストディナーで残った野菜を軽く炒めて作る伝統的なイギリス料理で、クリスマスの翌日のボクシングデーに欠かせない一品だ。名前のバブルはバターで焼いている時の泡に、スクウィークは食材を押した時にきしむような音がすることに由来する。

6個分

作り方

1. 下準備をする

じゃがいもは鍋に入れ、じゃがいもがかぶるくらいの水（分量外）を注ぎ、強火で沸騰させてやわらかくなるまで15〜20分ゆでる。ザルにあげて水気をよく切る。

2. バブル・アンド・スクウィークを作る

1 フライパンに植物油大さじ1を入れて中火で熱し、玉ねぎを入れ、時々かき混ぜながら10分ほど炒める。にんじん、バター、水大さじ1を加え、さらに5分ほど炒める。

2 ちりめんキャベツと水大さじ1を加え、時々かき混ぜながらさらに3分ほど炒め、キッチンペーパーを敷いたバットにあけて冷ます。

3 **1**のじゃがいもを**1**の鍋に戻し、マッシャーでしっかりつぶし、2の野菜、ローズマリー、塩とたっぷりのこしょうを加え、よく混ぜあわせる。粗熱が取れるまで置いておく。

4 6等分にし、それぞれ円盤状に成形して、両面に中力粉をまぶす。

5 フライパンを強火にかけて残りの植物油を熱し、4を黄金色の焼き色がつくまで片面2分ずつ焼き、クッキングシートを敷いた天板に移す。
※フライパンにある程度間隔をあけて並べ、必要に応じて数回に分けて焼く。

6 200℃に予熱したオーブン（コンベクションオーブンの場合は180℃）で10分ほど焼き、中までしっかり火を通す。

材料

じゃがいも（キタアカリまたは男爵、4つ切り）… 500g
玉ねぎ（大、スライス）… 1/2個分
にんじん（5㎜角）… 100g
ちりめんキャベツ（千切り）… 1/4個分
ローズマリーの葉（粗みじん切り）… 2枝分
中力粉 … 10g
バター … 10g
植物油 … 大さじ2
水 … 大さじ2
塩 … 10g
黒こしょう（挽きたて）… 適量

上：ベイクドポテト レアビット風（p.239）
下：ミント風味のいんげんのサラダ（p.240）
p.237（上から）：コーン＆ひよこ豆のフリッター（p.241）、クミン風味のにんじんのロースト（p.242）、根セロリ＆りんごのレムラード（p.238）

PERFECT MASH

完璧なマッシュポテト

私にとって完璧なマッシュポテトとは、じゃがいも、質の高いバター、そして塩とこしょうだけのものだ。

4人分

材料

じゃがいも（キタアカリまたは男爵）
…1kg
バター…100g
海塩、黒こしょう（挽きたて）
…各適量

作り方

1. 下準備をする

1 じゃがいもは皮をむいて4つ切りにし、鍋に入れて1分ほど流水にあててでんぷんを洗い流す。水気を切る。

2 じゃがいもの入った鍋にひたひたに水（材料外）を注ぎ、海塩小さじ1を加えて強火にかける。沸騰したら弱火にし、15分ほどゆでる。ナイフを刺してすっと刺されば、ザルにあげて水を切り、そのまま数分おいて湯気を落ち着かせる。

2. マッシュポテトを作る

1 **1**-2のじゃがいもを鍋に戻し、ポテトライサーかマッシャーでじゃがいもをつぶす。
※私は断然ポテトライサー派だ。

2 1の鍋を弱火にかけ、バターを加えてよく混ぜあわせる。黒こしょうをたっぷりかけ、海塩で味を調える。

CELERIAC & APPLE REMOULADE

根セロリ&りんごのレムラード

まろやかで用途の広い根セロリのおいしさを最大限に生かしたサラダ。バーベキューやステーキなどの肉料理はもちろん魚料理にもよくあう。コールスローの代わりに試してほしい。

6〜8人分

材料

根セロリ*（小）…1個
りんご（調理用、甘味が少なくて酸味がある もの）…4個
パセリ…10g
シードルビネガー…大さじ2
マヨネーズ（p.260）…50g
イングリッシュマスタード…大さじ3
粒マスタード…大さじ2
塩…小さじ3/4
黒こしょう（挽きたて）…少々

*入手できない場合は、セロリ450gとパセリ25gで代用可能。パセリは葉を摘み取ってみじん切りにして使います。

作り方

1. 下準備をする

1 根セロリは皮をむき、4つ切りにしたあと厚さ3㎜にスライスし、数枚重ねて千切りにする。

2 りんごは皮つきのまま芯を取り、根セロリと同様に厚さ3㎜にスライスし、千切りにする。

3 パセリは葉を摘み取ってみじん切りにする。

2. レムラードを作る

1 ボウルにマヨネーズ、マスタード2種、ビネガー、**1**-3のパセリを入れてよく混ぜあわせる。

2 **1**-1の根セロリと**1**-2のりんごを加えてあえ、塩、こしょうで味を調える。必要であれば、さらに塩（分量外、適量）を加えて味を調える。

RAREBIT BAKED POTATO

ベイクドポテト レアビット風

ベイクドポテトというシンプルな料理は、どうアレンジしたらよいのだろう？ ベイクドポテトの一番の魅力は、パリッとした皮と、長時間のローストで生まれる深く香ばしい風味だ。なので、それは生かしつつ、あわせるフィリングを変え、贅沢なトッピングを加えることで、素晴らしい料理にしてみた。ここでは6人分のメインディッシュの分量で紹介しているが、切り分ければパーティー料理の一品にもなる。メインディッシュの場合は、完熟トマトのスライスにオリーブオイルと塩をかけて添えることをおすすめする。

6人分

作り方

1. 下準備をする

じゃがいもは皮つきのまま、クッキングシートを敷いた天板にのせ、フォークで上部を2～3か所刺し、植物油を全体にすり込む。220℃に予熱したオーブン（コンベクションオーブンの場合は200℃）で、ナイフがすっと刺さるぐらいにやわらかくなるまで1時間ほど焼く。

2. レアビットを作る

1 ボウルにカイエンペッパーと塩以外の材料を入れ、フォークでよく混ぜる。
2 カイエンペッパーと塩を加えて混ぜ、冷蔵庫で冷やしておく。

3. ベイクドポテトを作る

1 **1**のじゃがいもをオーブンから取り出し、5分ほど冷ます。一番凹凸の少ない面を1/4ほど切り落とし、中身が出るようにする。
2 じゃがいもが型崩れしない程度に縁を5㎜ほど残して中身をくり抜き、ボウルに入れる。
※中身をくり抜いたじゃがいもの皮の部分は取っておく。
3 フォークでじゃがいもの中身をつぶし、バターとチーズを加え、海塩とこしょうで味を調え、2で取っておいた皮に詰める。
4 **2**のレアビットを冷蔵庫から取り出し、じゃがいもの表面に広げる。
5 天板にのせ、220℃のオーブン（コンベクションオーブンの場合は200℃）で、きれいな焼き色がつくまで15分ほど焼く。

材料

じゃがいも（キタアカリまたは男爵、大）…6個
チェダーチーズ（すりおろしたもの）…200g
バター…60g
植物油…小さじ2
海塩、黒こしょう（挽きたて）…各適量

✽レアビット

チェダーチーズ（すりおろたもの）…200g
低脂肪牛乳…140㎖
パン粉…50g
中力粉…15g
卵（溶きほぐしたもの）…3個分
白ワイン…50㎖
イングリッシュマスタード…大さじ2
ウスターソース…小さじ3
カイエンペッパー…ひとつまみ
塩…小さじ1/3

MINTED BEAN SALAD

ミント風味のいんげんのサラダ

近年、イギリスで人気の中東料理風の一品を紹介しよう。

6人分

材料

モロッコいんげん … 300g
さやいんげん（細いもの）… 600g
ミント … 15g
黒こしょう（挽きたて）… 少々
ナッツ（好みのもの）、塩、海塩
… 各適量

❁ドレッシング
シードルビネガー … 小さじ4
ディジョンマスタード … 小さじ1
エキストラバージンオリーブオイル
… 大さじ2

作り方

1. 下準備をする

1 モロッコいんげんはヘタを切り落とし、ピーラーで両側を薄く削って筋を取り除き、幅2.5㎝の斜め切りにしたり、好みのサイズと形に切る。

2 さやいんげんはヘタと筋を取り除く。

3 ミントは葉と茎を分け、葉を千切りにする。

2. ドレッシングを作る

ボウルにすべての材料を入れて混ぜる。

3. サラダを作る

1 大鍋に **1** のミントの茎と水（材料外、適量）を入れて強火にかけ、沸騰したら塩（目安は海水の濃度）を加え、**1** のモロッコいんげんとさやいんげんを2分半ほどゆでる。

2 鍋を火からおろし、1のいんげん2種の水気を切り、氷水（材料外、適量）に取ってしっかり冷やす。

3 2の水気を切り、ミントの茎は取り除く。

4 **2**のドレッシングのボウルに3を入れてあえ、こしょうと海塩で味を調える。

5 **1**-3のミントの葉とナッツを加え、軽くあえる。

SWEETCORN & CHICKPEA FRITTERS

コーン＆ひよこ豆のフリッター

動物性の食材を使わず作るヘルシーなフリッター。高く香るスパイスがまちがいなく食欲をそそることだろう。エスニック料理との相性がよく、ビールのおつまみとしてもおすすめだ。

10個分

作り方

1. タネを作る

1 コーンは水気を可能な限り絞る。

2 フードプロセッサーにコーンの3/4量とひよこ豆を入れて中速で、粗めのペースト状にする。

3 ボウルに移し、植物油以外の残りの材料を加えて混ぜる。

4 10等分にし、それぞれ丸めてバットに並べ、冷蔵庫で15分ほど冷やす。

2. フリッターを作る

1 **1**のタネを冷蔵庫から取り出し、それぞれ円盤状に成型し、両面に米粉をまぶす。
※米粉を使うとサクッと仕上がるが、中力粉でもよい。

2 フライパンを強めの中火にかけて植物油を熱し、1のタネを入れ、黄金色の焼き色がつくまで片面2分ずつ揚げ焼きにする。クッキングシートを敷いた天板に移す。
※フライパンにある程度間隔をあけて並べ、必要に応じて数回に分けて焼く。

3 210℃に予熱したオーブン（コンベクションオーブンの場合は190℃）で10分ほど焼き、中までしっかり火を通す。

材料

スイートコーン缶詰（ホール）
…300g
ひよこ豆の缶詰（水気を切ったもの）
…200g
わけぎ（小口切り）…約100g
米粉（または中力粉）
… タネ用30g＋衣用少量
クミンパウダー … 小さじ1
パプリカパウダー … 小さじ1/2
植物油 … 40㎖
塩 … 小さじ3/4

ROASTED CARROTS & CUMIN

クミン風味のにんじんのロースト

オーブンでローストしたにんじんの甘さは格別だ。クミンの香りが加わると、特別感がぐっと増す。ソテーしたり、ローストした肉や魚のつけあわせにおすすめだ。

6人分

材料

にんじん … 8本
にんにく … 3片
クミンシード … 小さじ1
バター … 20g
植物油 … 30㎖
塩 … 小さじ2/3
チャイブ（みじん切り）… 適宜

作り方

1. 下準備をする

1 バターは室温に戻して、やわらかくしておく。

2 にんじんは皮つきのままよく洗い、ヘタを切り落とし、縦に4等分に切る。沸騰した湯（材料外、適量）で10分ほどゆで、水気をしっかり切る。

2. ローストを作る

1 大きなフライパンに植物油を入れて中火で熱し、**1**-2のにんじんを切り口を下にして入れ、しっかり焼き色がつくまで焼く。
※必要に応じて数回に分けて焼く。

2 天板にクッキングシートを敷き、1のにんじんを並べる。刷毛でバターを塗り、塩とクミンシードをふりかける。

3 にんにくを軽くつぶし、2のにんじんの間にはさみ入れる。

4 200℃に予熱したオーブン（コンベクションオーブンの場合は180℃）で25分ほどローストする。
※かたさが残っている場合は、ちょうどよいかたさになるまで焼く。

5 好みでチャイブを散らす。

ACCOMPANIMENTS SAUCES & BASICS

ソース＆薬味

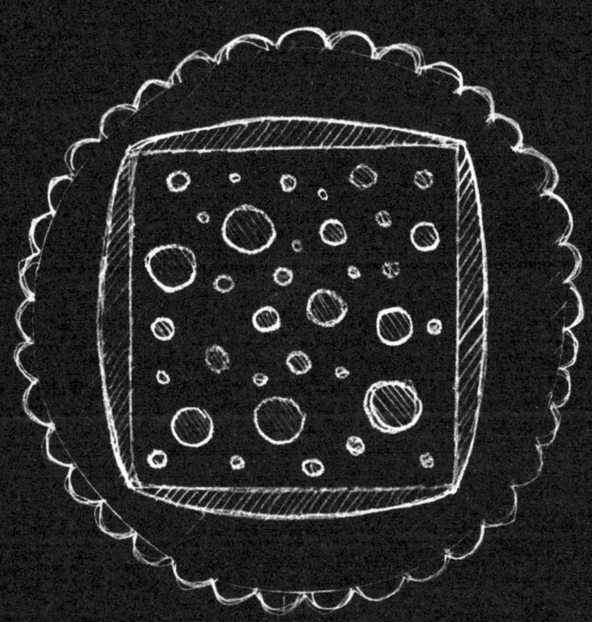

p.246（上から）：ピカリリ（p.249）、トマトと赤パプリカのチャツネ（p.248）
上：自家製粒マスタード 英国ビール風味（p.251）、**中央**：スターアニス風味のプラムチャツネ（p.248）、**下**：グリーンソース（p.254）

PLUM & STAR ANISE CHUTNEY

スターアニス風味のプラムチャツネ

イギリスでは様々なフルーツや野菜のチャツネを手作りする家庭が多い。庭に実ったプラムやりんご、洋梨など、自然の恵みを大切に食事に取り入れているのだ。

容量500㎖の保存瓶2本分

材料

プラム … 600g
玉ねぎ(大) … 1個
りんご(調理用、甘味が少なくて酸味があるもの) … 2個
サルタナレーズン(またはレーズン) … 100g
シードルビネガー … 150㎖
ソフトブラウンシュガー(または三温糖) … 150g
スターアニス* … 2〜3個
水 … 200㎖

*香りが強いので、好みにあわせて用意してください。

作り方

1. 下準備をする

1 保存瓶とトングを煮沸消毒する:瓶と蓋をきれいに洗い、蓋をはずしたままにしておく。大きめの鍋に瓶を入れ、かぶるくらいの水(材料外)を注ぎ、強火で沸騰させる。5分たったら蓋とトングの先を入れ、湯を沸騰させたまま5分加熱する。トングを取り出し、そのトングを使って瓶と蓋を取り出したら、布きんの上に逆さにして置いて乾かす。
※加熱中に保存瓶が割れないように、鍋底に布きんを敷いてもOK。トングを取り出す時、トング全体が熱くなっている場合があるので、手を保護しながら取り出す。

2 プラムは種を取って4つ切りにする。

3 玉ねぎは皮をむいてあられ切りにする。

4 りんごは皮をむいてすりおろす。

2. チャツネを作る

1 鍋にすべての材料を入れて強火にかけ、沸騰したら火を弱め、どろっとした濃度がつくまで45分ほど煮る。途中、時々木べらで鍋底からかき混ぜ、底にこびりつかないようにする。

2 スターアニスを取り出し、熱いうちに **1**-1の瓶に詰めて蓋をする。
※冷蔵庫で2週間保存可能。密封容器に入れて冷凍すれば、6か月保存可能。

TOMATO & RED PEPPER CHUTNEY

トマトと赤パプリカのチャツネ

トマトはいつでも手に入るので、チャツネを作りやすい。イギリスではチャツネをチーズと一緒に、あるいはローストしたチキンやビーフ、ハムなどのコールドミートと味わう。

容量500㎖の保存瓶1本分

材料

カットトマト(水煮缶) … 1缶(400g)
赤パプリカ … 2個
玉ねぎ(大) … 1/2個
にんにく … 1片
青唐辛子 … 1本
ニゲラシード … 小さじ1
白ワインビネガー … 200㎖
植物油 … 10㎖
グラニュー糖 … 400g
塩 … 小さじ1/2

作り方

1. 下準備をする

1 保存瓶は煮沸消毒する（p.248「スターアニス風味のプラムチャツネ」）。

2 玉ねぎとにんにくは皮をむいてみじん切りにする。

3 青唐辛子は種を取ってみじん切りにする。

4 赤パプリカは種を取って1㎝角に切る。

5 カットトマトの水煮缶は汁気を切る。缶汁は捨てずに取っておく。

2. チャツネを作る

1 鍋に植物油を入れて中火で1分ほど熱し、**1**の玉ねぎとにんにく、青唐辛子、そして塩を入れ、玉ねぎがしんなりするまで5分ほど炒める。

※玉ねぎを色づけないように炒め、必要であれば火を弱める。

2 **1**-5のトマトの缶汁、ビネガー、砂糖を加え、煮汁が半量になるまで煮詰める。

3 **1**のカットトマトと赤パプリカ、ニゲラシードを加え、とろみがつきツヤが出るまで弱火で1時間ほど煮込む。

4 **1**-1の保存瓶に詰めて蓋をする。

※最低1日置いてから使う。冷蔵庫で2か月保存可能。

PICCALILLI

ピカリリ

イギリスでは一般的に、ピカリリをハムやポーク・パイに添える。クリスマスの翌日は残ったターキーやハムを食べることが多く、その時にも大活躍する。手作りにまさるものはないので、ぜひ作って欲しい。

容量500㎖の保存瓶4本分

材料

さやいんげん … 200g
フェンネル（根）* … 1個
カリフラワー … 1個
玉ねぎ（中）… 2個
赤パプリカ、緑パプリカ … 各1個
水 … 3ℓ
塩 … 300g

❁ピクルス液

シードルビネガー … 350㎖
水 … 200㎖
マスタードパウダー、グラニュー糖 … 各大さじ3
コーンスターチ … 大さじ2
ターメリックパウダー、カイエンペッパー … 各大さじ1
マスタードシード、塩 … 各小さじ2
乾燥赤唐辛子（砕いたものまたは輪切り）… 小さじ1

*入手できない場合は、セロリ250gで代用できます。

作り方

1. 下準備をする

1 保存瓶は煮沸消毒する（p.248「スターアニス風味のプラムチャツネ」）。

2 フェンネルは2㎝大に切る。

3 カリフラワーは小房に分ける。

4 玉ねぎは皮をむいて2㎝大に切る。

5 さやいんげんは食べやすい長さに切る。

6 赤パプリカと緑パプリカは2㎝角に切る。

2. ピクルス液を作る

大鍋にすべての材料を入れて弱火にかけ、ホイッパーでそっとかき混ぜながら、とろみがつくまで火を通す。

3. ピカリリを作る

1 大きなボウルに**1**の野菜を入れる。

2 大鍋に水と塩を入れて熱し、塩が溶けるまでホイッパーでかき混ぜる。

3 1のボウルに注ぎ、4時間ほど塩漬けにしておく。

4 3の野菜の水気を切ってから流水ですすぎ、さらによく水気を切る。

5 4の野菜を**2**の鍋に入れ、よく混ぜあわせる。

6 **1**-1の保存瓶に詰めて蓋をする。

※最低1日置いてから使う。冷蔵庫で2か月保存可能。

OLD-SCHOOL MINT SAUCE

英国風ミントソース

イギリスでは、肉のローストにあわせてソースが異なる。チキンならクランベリーソース、ポークならアップルソース、ビーフならホースラディッシュソースというように。ラムには、きれいなグリーンのミントソースをあわせる。ラム独特の香りをミントがうまく調和してくれるさわやかな風味のソースだ。

容量250㎖の保存瓶1本分

材料

ミント（枝ごと）… 100g
グラニュー糖 … 75g
白ワインビネガー … 50㎖
赤ワインビネガー … 25㎖
水 … 10㎖
塩 … ひとつまみ

作り方

1. 下準備をする

①保存瓶は煮沸消毒する（p.248「スターアニス風味のプラムチャツネ」）。

②ミントは葉と茎を分けておく。

2. ソースを作る

①小鍋に**1**-②のミントの茎、砂糖、ビネガー2種、水、塩を入れて強火にかける。沸騰したらミントの茎を取り出し、代わりに**1**-②のミントの葉を加え、木べらでよく混ぜながら2分ほど煮る。

②ミントの葉がしんなりしたら、鍋の中身をフードプロセッサーの中速で、ミントの葉が少し残る粗めのペースト状に仕上げる。

③ボウルに移し、氷水（材料外、適量）の入った大きなボウルにあてながらかき混ぜ、完全に冷ます。

④**1**-①の保存瓶に詰めて蓋をする。
※冷蔵庫で1週間保存可能。

IPA WHOLEGRAIN MUSTARD

自家製粒マスタード 英国ビール風味

ハムやソーセージに欠かせないマスタード。サンドウィッチに塗ったり、ローストビーフのお供にも使われる。
煮込み料理の隠し味にもよい。

容量500㎖の保存瓶1本分

材料

ブラウンマスタードシード … 100g
イエローマスタードシード … 50g
インディア・ペールエール（または
ペールエール）… 250㎖
モルトビネガー … 150㎖
ソフトブラウンシュガー（または三
温糖）… 小さじ2
塩 … 小さじ1/2

作り方

1. 下準備をする

1 保存瓶は煮沸消毒する（p.248「スターアニス風味のプラムチャツネ」）。

2 マスタードシード2種は容器に入れ、ビールとビネガーを注ぎ、そのまま48時間浸しておく。
※マスタードシードは水分を吸って膨らむので、シードの体積の2倍以上の容器に入れる。

2. マスタードを作る

1 十分に膨らんだマスタードシードの汁気を切り、半量をフードプロセッサーに入れ、砂糖と塩を加え、なめらかになるまで中速で攪拌する。

2 ボウルに移して残りのマスタードシードをホールのまま加え、なじむまでよく混ぜる。

3 **1**-1の保存瓶に詰めて蓋をする。
※最低1日置いてから使う。できれば冷蔵庫で2週間ほどおくと、より風味が増す。

MUSHROOM KETCHUP

きのこ風味ケチャップ

イギリスでケチャップは、ブレックファーストやチップスと呼ばれるフライドポテトにつけて食べることが多い。ここではコクと旨味の広がる2種のマッシュルームを組みあわせて大人味に仕上げてみた。いつものケチャップの代わりに、また焼いた肉に添えれば、料理をグレードアップさせてくれるはずだ。

作りやすい量

材料

乾燥ポルチーニ … 30g
玉ねぎ (大) … 1個
ブラウンマッシュルーム … 300g
ホワイトマッシュルーム (傘が閉じているもの) … 250g
モルトビネガー … 50㎖
ウスターソース、ディジョンマスタード、マスコバド糖 (またはブラウンシュガー) … 各小さじ1
ナツメグ (おろす) … 1/4個分
植物油 … 20㎖
塩 … 小さじ1/2

作り方

1. 下準備をする

1 乾燥ポルチーニ茸はボウルに湯 (材料外、200㎖) と一緒に入れ、1時間浸けて戻しておく。

2 玉ねぎは皮をむいてスライスする。

3 マッシュルーム2種は、キッチンペーパーで表面を軽くふき取ったあと、ブラウンは4つ切りに、ホワイトは半分に切る。

2. ケチャップを作る

1 フライパンに植物油を入れて中火で熱し、1-2の玉ねぎを入れ、しんなりして軽く色づくまで10分ほど炒める。

2 1-3のマッシュルーム2種を加え、5～10分炒めてマッシュルームを色づける。

3 1-1のポルチーニ茸の水気を切って加え、さらに2分ほど炒める。
※ポルチーニ茸の戻し汁は捨てずに取っておく。

4 残りの材料と3で取っておいたポルチーニの戻し汁を加え、煮汁が1/3量になるまで煮詰める。

5 フライパンの中身をフードプロセッサーの中速で、なめらかなピュレ状にする。
※密閉容器に入れて冷蔵庫で保存し、早めに使い切ること。

DEVILLED BUTTER

デビルド・バター

ハーブバターをステーキなどの肉料理によく使うが、こちらのバターもよくあう。パンやカナッペに塗ってもおいしい。デビルの名がつくのは、マスタードやカイエンペッパーでスパイシーに仕上げていることから。

約250g分

材料

バター … 220g
バナナエシャロット (またはエシャロット、あられ切り) … 45g
レモン汁 … 1/2個分
タラゴン … 10g
イングリッシュマスタード … 小さじ1
カイエンペッパー … 小さじ1/2
塩 … ひとつまみ

作り方

1. 下準備をする

バターは室温に戻してやわらかくしておく。

2. バターを作る

1 小鍋で**1**のバター20gを中火で熱し、バナナエシャロットと塩を加え、しんなりするまで3分ほど炒める（色づきそうなったら火を弱める）。ペーパータオルにとって油をおさえ、冷ましておく。

2 タラゴンの葉を摘み取ってみじん切りにし、残りのバター、マスタード、カイエンペッパーと一緒にボウルに入れ、レモン汁を加えてフォークでよく混ぜあわせる。

3 1のエシャロットを加えて混ぜる。

4 円筒状に形を整え、ラップでしっかり包んで両端をきつくねじり、使うまで冷蔵庫で冷やしておく。

※ラップに包んだ状態で、冷蔵庫で2週間保存可能。

CHIPSHOP CURRY SAUCE

チップショップ・カレーソース

フィッシュ＆チップス専門店のメニューでよく見かけるカレーソースは、ボリュームのあるフライドポテトを最後まで飽きずに食べられる魅力的なソース。ここでは、生クリームが濃厚で、一般的なソースとは一味違うオリジナルレシピで紹介する。

500㎖分

材料

玉ねぎ（大）… 1個
りんご（調理用、甘味が少なくて酸味があるもの）… 1個
ライム汁 … 1/2個分
赤唐辛子 … 1本
チキンブイヨン（市販品）… 500㎖
ダブルクリーム（生クリーム48%）… 100㎖
プレーンヨーグルト … 25g
植物油 … 小さじ2
バター … 10g
マドラスカレーパウダー（またはカレーパウダー）… 大さじ1
ターメリックパウダー … 大さじ1/2
チリパウダー、クミンパウダー、塩 … 各小さじ1/2

作り方

1. 下準備をする

1 玉ねぎは皮をむいてスライスする。

2 りんごは皮をむいて芯を取り、5㎜角に切る。

3 赤唐辛子は種を取り、小口切りにする。

2. ソースを作る

1 鍋を中火にかけ、植物油とバターを入れる。バターが溶けたら、**1**の玉ねぎとりんご、赤唐辛子を加え、玉ねぎがしんなりするまで5分ほど炒める。

2 スパイス類を加え、木べらでよく混ぜながら香りが立つまで2〜3分炒める。

3 ブイヨンを注いで沸かし、そのまま煮汁が2/3量になるまで煮る。

4 ダブルクリームを加え、とろみがつくまでさらに煮る（目安はスプーンの背が隠れるくらいの濃度）。

5 4の半量をフードプロセッサーの中速でなめらかにし、ボウルにあける。残り半量も同様にフードプロセッサーにかける。

6 ホイッパーで混ぜながらヨーグルトとライム汁を加え、塩で味を調える。

※密閉容器に入れて冷蔵庫で3日、冷凍庫で1か月保存可能。

GREEN SAUCE

グリーンソース

メキシコ料理の定番、サルサ・ベルデ。肉料理、魚料理、揚げもの、パスタの他、ドレッシングとしても使える。

作りやすい量

材料

アンチョビフィレ … 3枚
イタリアンパセリ … 50g
バジル、ミント … 各25g
ケッパー（酢漬け、水気を切ったもの）… 15g
レモンの皮（すりおろしたもの）… 1個分
エキストラバージンオリーブオイル … 100mℓ
赤ワインビネガー、ディジョンマスタード … 各小さじ1
塩 … 小さじ1/2

作り方

1. 下準備をする

イタリアンパセリ、バジル、ミントの葉を摘み取る。

2. ソースを作る

すべての材料をフードプロセッサーの高速で、なめらかなペースト状にする。必要に応じて塩（分量外、適量）で味を調える。

※密閉容器に入れて冷蔵庫で5週間保存可能。

ONION, THYME & STOUT GRAVY

タイム香る黒ビールのオニオングレイビー

イギリス人になくてはならないソースの1つ。市販品もあるが、手作りするとおいしさが格段に違う。パイ料理やローストした肉、それらに添えられた温野菜にあう。

8人分

材料

玉ねぎ（大）… 2個
タイムの葉 … 4枝分
ビーフブイヨン（市販品）… 1ℓ
スタウトビール（黒ビール）… 440mℓ
中力粉 … 15g
バター … 40g
植物油 … 小さじ2
塩 … 小さじ1/2

作り方

1. 下準備をする

玉ねぎは皮をむいてスライスする。

2. ソースを作る

1 鍋にブイヨンとビールを入れて強火にかけ、1/3量になるまで煮詰める。
2 別の鍋でバターと植物油を熱し、バターが溶けたら玉ねぎと塩を加え、玉ねぎが軽く茶色に色づくまで15分ほど弱火で炒める。
3 中力粉とタイムを加え、よくかき混ぜながら2分ほど炒める。
4 絶えずかき混ぜながら、1の半量を少しずつ加え、とろみをつけていく。
5 1の残りを加え、濃度がつくまで煮詰める（目安はスプーンの背が隠れるくらいの濃度）。濃厚すぎる場合は水（材料外、少量）を加えてゆるめ、薄すぎる場合はもう少し煮詰める。

※密閉容器に入れて冷蔵庫で3日保存可能。

WHITE BUTTER SAUCE

ホワイトバターソース

フランスの古典的なソース、ブール・ブラン。バターをたっぷり使うこのソースをオリジナルレシピで紹介する。アスパラガスなどのゆで野菜や蒸し野菜、サーモンやエビ、ホタテ、白身魚などの魚介料理にあう。

6人分

作り方

1. 下準備をする

1 バナナエシャロットは皮をむいてスライスする。
2 バターは1㎝角に切り、使うまで冷やしておく。

2. ソースを作る

1 鍋にタラゴン、エシャロット、ローリエ、ビネガー、水を入れ、中火で1/3量になるまで煮詰める。
2 ボウルに漉し入れ、エシャロット、タラゴン、ローリエを取り除き、再び1の鍋に戻す。
3 ダブルクリームを加え、鍋を中火にかけ、2分ほど煮詰める。
4 鍋を火からおろし、**1**-2のバターひとつかみを加え、ホイッパーでしっかり混ぜる。
5 鍋を再び中火にかけて軽く温め直したら火からおろし、バターひとつかみを加えてしっかり混ぜる。残りのバターも同様に少しずつ加え、その都度しっかり混ぜる。
6 塩とレモン汁を加える。必要であれば、さらにレモン汁（分量外、少量）を加えて味を調える。
※作った当日に使い切るのがベスト。

材料

バナナエシャロット（またはエシャロット）… 45g
タラゴン … 2枝
ローリエ … 1枚
バター … 400g
白ワインビネガー … 100㎖
ダブルクリーム（生クリーム48%）… 50㎖
レモン汁 … 1個分
水 … 100㎖
塩 … 小さじ1/2

MANGO SALSA

マンゴーサルサ

本場メキシコ料理をはじめ、様々な料理にあう。イギリスではチキンをはじめとする肉料理や、バーガーのソースなどにも使われる。バーベキューをする時に、ぜひ登場させたいソースだ。

400g分

作り方

1. 下準備をする

1 マンゴーは皮をむいて1㎝角に切る。
2 赤玉ねぎはあられ切りにする。
3 赤唐辛子は種を取って小口切りにする。
4 パクチーは粗みじん切りにする。

2. サルサを作る

ボウルに**1**のマンゴーとライムの皮と果汁、赤玉ねぎ、赤唐辛子、パクチーを入れ、オリーブオイルを加えてよく混ぜあわせ、塩とこしょうで味を調える。
※密閉容器に入れて冷蔵庫で2日保存可能。

材料

マンゴー（完熟、大）… 1個
ライムの皮（すりおろしたもの）と絞り汁 … 1個分
赤玉ねぎ … 1個
赤唐辛子 … 1本
パクチー（茎ごと）… 20g
オリーブオイル … 小さじ2
塩、黒こしょう（挽きたて）… 各適量

上：オランデーズ・ソース（p.258）、**中央**：マンゴーサルサ（p.255）、**下**：英国風ミントソース（p.250）
p.257（上から）：タイム香る黒ビールのオニオングレイビー（p.254）、きのこ風味ケチャップ（p.252）、ホワイトバターソース（p.255）

HOLLANDAISE SAUCE

オランデーズ・ソース

エッグベネディクトに必須のソース。ゆで野菜や、蒸したりソテーされたサーモンや鱒などにも添えられ、淡白なやさしい味わいの食材と好相性。イギリスでは、モダン・ブリテッシュと呼ばれる斬新な料理に使われることもある。

作りやすい量

材料

エシャロット … 1個
白ワイン、白ワインビネガー … 各20㎖
卵黄 … 3個分
バター … 300g
カイエンペッパー … ひとつまみ
塩 … たっぷりひとつまみ
黒こしょう … 5粒
レモン汁 … 適宜

作り方

1. 下準備をする

1 エシャロットは皮をむいてスライスする。

2 バターは2㎝角に切る。

2. 澄ましバターを作る

1 耐熱容器に**1**-2のバターを入れ、500Wの電子レンジで液状になるまで30秒〜1分加熱する。

2 底に沈んだ白い不純物（乳しょう）が混ざらないように、黄金色の上澄みだけを小さなピッチャーに注ぐ。
※鍋にバターを入れ、やや弱い中火で熱して溶かしてもよい。

3. ソースを作る

1 小鍋に**1**-1のエシャロット、ワイン、ビネガー、こしょう、塩を入れ、中火にかけて沸騰させ、そのまま半量まで煮詰める。

2 1の鍋を火からおろし、煮詰めた汁を金属製のボウルに漉し入れ、少し冷ましておく。

3 2のボウルに卵黄を加え、少しもったりするまでホイッパーで力強く泡立てる。

4 小鍋に湯（材料外、適量）を沸かし、3のボウルを重ねて湯煎にかける：ホイッパーで絶えずかき混ぜながら、ソースにしっかりとろみをつけていく（目安はソースにホイッパーの跡が残るくらい）。
※湯煎の湯は50〜60℃を保つ。

5 ボウルを湯煎からはずし、ホイッパーでよくかき混ぜながら、**2**の澄ましバターを少しずつ加えて混ぜる。

6 カイエンペッパーを加え、好みでレモン汁少量を加えて混ぜる。
※作った当日に使い切るのがベスト。

上から時計まわりに：ケッパー・マヨネーズ（p.261）、オランデーズ・ソース（p.258）、デビルド・バター（p.252）、マヨネーズ（p.260）

MAYONNAISE
マヨネーズ

何かと重宝するマヨネーズをオリジナルレシピで紹介しよう。

250㎖分

材料

卵黄 … 2個分
白ワインビネガー … 小さじ2
植物油 … 100㎖
オリーブオイル … 150㎖
イングリッシュマスタード
… 小さじ1/2
湯 … 大さじ1
塩 … ひとつまみ

作り方

1 金属製のボウルに、卵黄、ビネガー、塩を入れ、ホイッパーでよく混ぜる。
2 ホイッパーで絶えずかき混ぜながら、油2種を少しずつ加えていく。
※時々手をとめ、きちんと乳化しているか確認する。
3 マスタードと湯を加え、なめらかになるまで混ぜる。必要であれば、塩（分量外、少量）を加えて味を調える。
※作った当日に使い切るのがベスト。

CUSTARD
カスタードソース

イギリスでカスタードは、生クリームより人気が高い。温かいデザートには温かいまま添えられる。本書でも紹介したりんごのデザートや甘いプディングなどとよくあう。

4人分

材料

低脂肪牛乳 … 350㎖
ダブルクリーム（生クリーム48%）
… 100㎖
卵黄（大）… 2個分
バニラビーンズ … 1/2本
グラニュー糖 … 50g
コーンスターチ … 大さじ山盛り1

作り方

1. 下準備をする

バニラビーンズを縦半分に割く。

2. カスタードソースを作る

1 ボウルにコーンスターチ、砂糖、卵黄を入れ、ホイッパーで白っぽくなるまですり混ぜる。
2 鍋に牛乳、ダブルクリーム、**1**のバニラビーンズを入れて中火にかけ、ホイッパーで鍋底からよく混ぜながら、沸騰寸前までゆっくり温める。
※絶えず鍋底からかき混ぜることで、鍋底にこびりつくのを防げる。また、バニラビーンズの種がさやから押し出される。
3 鍋を火からおろし、そのまま数分おいてバニラの香りを移す。さやを取り出し、再び中火にかけて沸騰させる。
4 3を1のボウルに少しずつ注ぎながら、ホイッパーでよくかき混ぜる。
5 ボウルの中身を鍋に戻して弱火にかけ、スパチュラでかき混ぜながら、とろみをつけていく（目安はスプーンの背が隠れるくらいの濃度）。
※温かいうちにいただくのがベスト。

CAPER MAYONNAISE

ケッパー・マヨネーズ

イギリスではこのマヨネーズを、フィッシュ＆チップスのタルタルソースの代わりに使ったり、魚をコロッケにしたフィッシュケーキ、ホワイトベイツやフィッシュフィンガーなど小魚や白身魚のフライ、魚のソテーなどに添える。

200g分

作り方

1. 下準備をする

1 イタリアンパセリの葉を摘み取ってみじん切りにする。
2 ケッパーはめん棒でつぶし、みじん切りにする。
※ケッパーはつぶしてからの方が刻みやすい。

2. マヨネーズを作る

ボウルに**1**のイタリアンパセリとケッパーを入れ、マヨネーズを加えて混ぜあわせる。
※密閉容器に入れて冷蔵庫で3日保存可能。

材料

ケッパー（酢漬け、水気を切ったもの）…75g
イタリアンパセリ…25g
マヨネーズ（p.260）…レシピの1/4量

FRANGIPANE

フランジパーヌ

イギリス伝統のベイクウェル・タルトは、このフランジパーヌとジャムを層にして作られる。アップル・タルトやアーモンド・クロワッサンにも使われる他、様々にアレンジされて楽しまれている。

直径24㎝パイ皿1台分

作り方

1. 下準備をする

1 バターは室温に戻してやわらかくしておく。
2 バニラビーンズは縦半分に割き、種をこそいでおく。
3 卵は溶きほぐしておく。

2. フランジパーヌを作る

1 ボウルに**1**のバターとバニラビーンズ、砂糖をあわせ、ホイッパーで白っぽくクリーム状になるまですり混ぜる。
2 **1**-3の卵を1/5量ずつ加え、その都度よく混ぜあわせてはなじませていく。
3 アーモンドプードルを加え、大きな金属製のスプーンでよく混ぜる。
※密閉容器に入れて冷蔵庫で1週間保存可能。

材料

アーモンドプードル、バター、グラニュー糖…各225g
卵…5個
バニラビーンズ…1本

THE TEAM

スタッフ

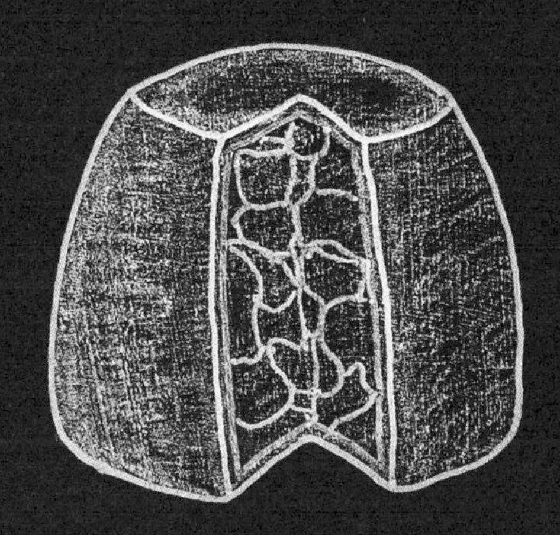

PIE ROOM

THE TEAM
スタッフ

スタッフは家族も同じという表現はあまりに陳腐だが、私の場合は事実なのだから言いきってかまわない。レストラン全体で34人の料理人と55人のフロアスタッフがいるので、大きな家族のようなものだ。時にはイラつかせたり、からかったりもするが、いつも互いを気にかけている。スタッフ全員について話すことはできないので、厨房チームの中核を担うベテラン勢を紹介させてほしい。マーク・ドラモンド（Mark Drummond）、ノックス・ムバンボ（Nokx Mbambo）、アブドゥル・トゥレイ（Abdul Turay）、キーロン・ヒッバート（Kieron Hibbert）、ローザ・ディ・ジャコモ（Rosa Di Giacomo）、パトリック・オドネル（Patrick O'Donnell）、アレッサンドロ・ジャングレコ（Alessandro Giangreco）。長年にわたる献身と忠誠には頭が下がる。彼らがレストランに捧げた時間は膨大であり、1つの職場での定着率の低さで有名なこの業界では珍しいことだ。だからこそ、スタッフは家族のようなものだと私は本心から思っている。

料理長のマークは、血のつながりこそないが兄弟だと言える。私のことを何でも知っていて、私が動揺している時に何を言えばよいか、どうすれば私を笑わせることができるかを心得ている。私が無分別な時には指摘してくれる。そんなマークが大好きだ。彼は有能で、きっと有名になっていくだろう。私はどんな形であれ、彼をサポートするつもりだ。

ノックスは、カナダやスウェーデン、アイスランドなど、世界各地のイベントやコラボディナーで私と共に料理をしてきた。彼女はザ・パイ・ルームの真のボスだ。一緒にレシピを作っていくにつれ、日々切り盛りする能力を身につけていった。とても優しい人で、料理人として未知の可能性を秘めている。彼女が役割を立派に果たし、メディアで取り上げられるのを目の当たりにするのは、うれしい限りだ。

アブドゥルとは9年近く一緒に仕事をしてきた。ニュージーランドでの私の結婚式で立会人を務め、キッチンを駆けまわる姿から「赤ちゃんサイ」と呼ばれ、いつも私を支えてくれる。どんなことでも話せるし、どんな時でも頼れる。もし彼が望むなら、私は喜んで彼のそばで一生働きたいと思う。

キーロンは、プロジェクト発足時から一緒に仕事をしてきた。もともと私の友人の下で働いており、友人は手放したくなかったのだが、彼の料理人としての将来性を見込んで私に託してくれた。キーロンは初日から職場になじんだ。頭がよくて、意欲的で、腕がよい。しかし、アブドゥルとノックスをからかうのが大好きという一面もある。

ローザはイタリアからパティシエチームに加わった。積極的でタフ、仕事熱心でパティスリーへの愛は早くからまわりに伝わっていた。私のどんな要求にもたじろがず、新しいデザートメニューには必ず挑戦し、その姿勢は他のメンバーのレベル向上と、新しい料理や発展への取り組みにつながった。ホルボーン・ダイニング・ルームのメニューで、デザートが強力な武器であることは明らかだが、それはすべて彼女のおかげだ。

パトリックは３年前にチームに加わった。アイルランド出身のチャーミングで礼儀正しい若きシェフで、めきめきと腕を上げた。年齢の割には驚くほど成熟しており、責任感が強く、ユーモアのセンスもあり、前途洋々な天性の料理人だ。靴下のセンスがダサいのが残念でならない。

アレッサンドロは、最近ベテランチームに加わったシェフだ。長年一緒に働いてきた結束のかたいチームに入るのだから、さぞ大変だろうと、私は危惧していた。だが、彼がすっかりなじんでいるのを見て、ほっとした。その誠実さと行動力で、すぐにみなの尊敬を集めたのだ。初日から責任ある仕事を求め、丁寧に対処し、見事にやってのけた。他のシェフたちと同じように、彼は大きなことを成し遂げる定めにあり、自分が何を望んでいるのかを知っている。

サービス係、バーのスタッフ、ポーター、ソムリエなど、ホルボーン・ダイニング・ルームに関わるすべての人にこの本を贈る。長年の貢献にはいくら感謝してもしきれない。在職時に愛と情熱を注いで共に働いた人たちを含め、すべての人に感謝する。

PIE HOLE

ANNEX

付録

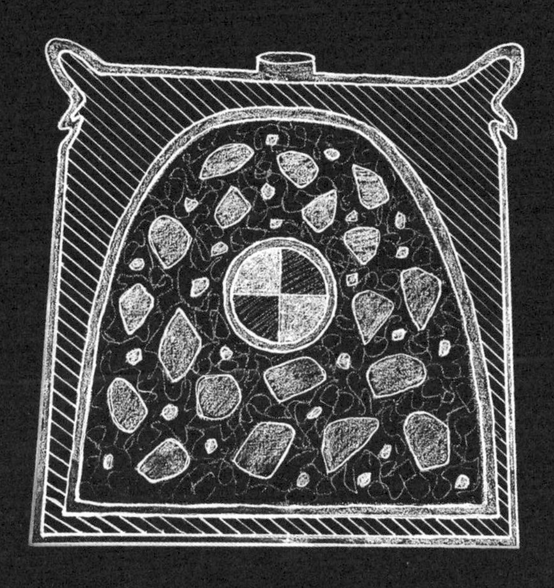

INDEX
インデックス

‖ 基本のパイ生地 ‖

‖ 前菜＆スナック系のパイ ‖

‖ 野菜のパイ ‖

‖ シーフードのパイ ‖

‖ 肉のパイ ‖

‖ ハレの日の料理 ‖

‖ デザート ‖

‖ サイドディッシュ ‖

‖ソース＆薬味‖

‖ ショートクラスト・ペイストリーのパイ ‖

‖ スイート・ショートクラスト・ペイストリーのパイ ‖

‖ ホット・ウォーター・クラスト・ペイストリーのパイ ‖

‖ パフ・ペイストリーのパイ ‖

‖ ラフ・パフ・ペイストリーのパイ ‖

‖ スエット・ペイストリーのパイ ‖

‖ ブリオッシュ生地のパイ ‖

‖ フィロ・ペイストリーのパイ ‖

CONVERSION TABLES
度量衡早見表

‖ 重量 ‖

メートル法	ヤード・ポンド法
15g	1/2オンス
20g	3/4オンス
30g	1オンス
55g	2オンス
85g	3オンス
110g	4オンス（1/4ポンド）
140g	5オンス
170g	6オンス
200g	7オンス
225g	8オンス（1/2ポンド）
255g	9オンス
285g	10オンス
310g	11オンス
340g	12オンス（3/4ポンド）
370g	13オンス
400g	14オンス
425g	15オンス
450g	16オンス（1ポンド）
1kg	32オンス（2ポンド）
1.5kg	48オンス（3ポンド）

‖ 液体 ‖

メートル法	ヤード・ポンド法
5㎖	小さじ1
15㎖	大さじ1（1/2液量オンス）
30㎖	大さじ2（1液量オンス）
150㎖	1/4パイント（5液量オンス）
290㎖	1/2パイント（10液量オンス）
425㎖	3/4パイント（16液量オンス）
570㎖	1パイント（20液量オンス）
1ℓ	1と3/4パイント
1.2ℓ	2パイント

‖ 長さ ‖

メートル法	ヤード・ポンド法
5㎜	1/4インチ
1㎝	1/2インチ
2㎝	3/4インチ
2.5㎝	1インチ
5㎝	2インチ
10㎝	4インチ
15㎝	6インチ
20㎝	8インチ
30㎝	12インチ

‖ オーブン温度 ‖

通常オーブン	コンベクションオーブン	ガスマーク	華氏
110℃	90℃	1/4	225℉
120℃	100℃	1/2	250℉
140℃	120℃	1	275℉
150℃	130℃	2	300℉
160℃	140℃	3	325℉
180℃	160℃	4	350℉
190℃	170℃	5	375℉
200℃	180℃	6	400℉
220℃	200℃	7	425℉
230℃	210℃	8	450℉
240℃	220℃	9	475℉

‖ その他 ‖

大さじ1 ＝ 小さじ3
大さじすりきり1 ＝ 約15g（1/2オンス）
大さじ山盛り1 ＝ 約30g（1オンス）
卵（Mまたは中）1個 ＝ 55㎖（55g／1液量オンス）

ABOUT THE AUTHOR
著者について

Calum Franklin
カラム・フランクリン

ロンドン中心部にある5つ星ホテル、ローズウッド・ロンドン（Rosewood London）併設の豪華ブラッセリー、ホルボーン・ダイニング・ルーム（Holborn Dining Room）のエグゼクティブ・シェフを務め、2018年、同レストランの一角に、数世紀にわたるイギリスの食事系セイボリー・パイの豊かな歴史を反映したパイ専門店、ザ・パイ・ルーム（The Pie Room）をオープン。

2019年、英国のレストランやホテル業界で権威あるキャティ・アワード（Catey Awards）において、ホテルシェフ賞（Hotel Chef of the Year 2019）を受賞。また、同年のナショナル・レストラン・アワード（National Restaurant Awards）では、カルム・フランクリン率いるホルボーン・ダイニング・ルームは、強豪を抑え、3年連続で英国トップレストランにランクインした。

ACKNOWLEDGEMENTS
謝辞

Absolute Press社とBloomsbury社の出版チームへ。私を仲間に引き入れ、この本に心血を注いでくれたことに心から感謝する。ジョン・クロフト、メグ・ボアス、エミリー・ノース、マリー・オシェパード、ピーター・モファット、アニカ・シュルツ、みなさんはスーパースターだ。このプロジェクトについて話した最初の日から、一緒に仕事ができたことをうれしく思う。

友であり、素晴らしい写真家であるジョン・ケアリー。このプロジェクトに参加してくれてありがとう。本を書くことを思いついた時から、頭の中にはいつも君がいた。素晴らしい写真の数々、深夜の撮影、完璧なアングルを得るための奮闘、ハリボーグミの差し入れ、そして篤い友情に感謝する。

ローズウッド・ロンドンのマリー・ルヴァヴァスール、アメリア・ハーパー、モード・マーティン、アシュレイ・グリューエル、地上最強の連携チームに心から感謝する。その創造性、努力、献身的な姿から私は刺激を受けた。マリー、あなたは理想の姉であり、あなたとチームメンバーがしてくれたすべてのことを、私は決して忘れない。
ホルボーン・ダイニング・ルームの現在と過去のすべてのスタッフへ。目標達成のために全力を尽くし、撮影の際に協力を惜しまなかったことに心から感謝する。

ローズウッド・ホテルグループへ。このプロジェクトを支援し、パイ専門のスペースを作りたいと言った私をあと押しし、これからもホルボーン・ダイニング・ルームと私たちの夢をサポートしてくれることに感謝する。とりわけ、マイケル・ボンザー氏に感謝する。素晴らしい上司であるだけでなく、私の知る限り最もスタイリッシュな男性であり、このプロジェクトで私を100%サポートしてくれた。

私が必要としている時に、見返りを求めずに時間、サポート、アドバイスを提供してくれた類稀なる寛大な人、ジェイミー・オリヴァー。本当にありがとう。

最後に、私の素晴らしい家族へ。最愛の妻シェナリ、君は美しいだけではなく、妻の鑑だ。毎日私にインスピレーションを与えてくれたおかげで、この本は日の目を見た。ダメ出しをしてくれたり、夜遅くまで原稿の入力を手伝ってくれてありがとう。目標を見失うことなく、常に私を励ましてくれた。母リンジー、兄弟のジェイミーとローリー、これまで私のためにしてくれたことすべてに感謝する。辛い時に勇気づけてくれたことは決して忘れない。この本を家族に捧げる。

‖ 著者 ‖

Calum Franklin

カラム・フランクリン

ロンドンの5つ星ホテル、ローズウッド・ロンドン併設の豪華ブラッセリー、ホルボーン・ダイニング・ルームのエグゼクティブ・シェフを務め、2016年から3年連続で、英国のナショナル・レストラン・アワードにおいてトップレストランに輝く。2018年、同レストランの一角に、英国のパイの豊かな歴史を反映した専門店、ザ・パイ・ルームをオープン。高い評価と人気を得る。2019年には、英国のレストランやホテル業界で権威あるキャティ・アワードにてホテルシェフ賞を受賞。

‖ 監修 ‖

Yukari Elliott

エリオットゆかり

2000年にイギリスに渡り、ケータリングビジネスを立ち上げる。イギリス政府が2011年より開始し、駐日英国大使館が2013年より展開するキャンペーン「ためしてみて、美味しいイギリス」にて、イギリスの食に関するコラムやレシピを寄稿。2022年には、イギリスのダルメインにて行われる、世界マーマレードアワード サヴィルオレンジ部門にてブロンズ賞を受賞すると共に、ブリティッシュ・パイ・アワード審査員に就任。著書に『ホントはおいしいイギリス料理』(主婦の友社)などがある。

絶品(ぜっぴん)パイ料理(りょうり)

“パイの帝王(ていおう)”が贈(おく)る80のレシピ

2022年10月25日　初版第1刷発行

著者：カラム・フランクリン (© Calum Franklin)
発行者：西川正伸
発行所：株式会社 グラフィック社
〒102-0073 東京都千代田区九段北1-14-17
Phone：03-3263-4318　Fax：03-3263-5297
http:www.graphicsha.co.jp
振替：00130-6-114345

制作スタッフ
監修：エリオットゆかり
翻訳：柴田里芽
組版・カバーデザイン：堀 恭子 (HORIdesign)
編集：鶴留聖代
制作・進行：南條涼子 (グラフィック社)

ISBN 978-4-7661-3617-3 C2077
Printed in China